Kim Fisher

Martina Conradt

Schöne Bescherung

Kim Fisher
Martina Conradt

Schöne Bescherung

Das kleine Buch der Weihnachtskatastrophen

Goldmann Verlag

Bildnachweis:
Fotos auf den Seiten 12, 245, 247, 249, 251: © Boris Breuer
Alle anderen Fotos und Zeichnungen: privat

FSC
Mix
Produktgruppe aus vorbildlich bewirtschafteten Wäldern, kontrollierten Herkünften und Recyclingholz oder -fasern
Zert.-Nr. SGS-COC-004980
www.fsc.org
© 1996 Forest Stewardship Council

Verlagsgruppe Random House FSC-DEU-0100
Das für dieses Buch verwendete FSC-zertifizierte Papier *Zanto* von Gohrsmühle liefert Papier Union.

1. Auflage

Satz: Buch-Werkstatt GmbH, Bad Aibling
Druck und Bindung: Polygraf Print, Prešov
Printed in the Slovak Republic
ISBN 978-3-442-31222-1

www.goldmann-verlag.de

Inhalt

Weihnachten oder Was ist los unter deutschen Dächern am 24. 12.?

Sie glauben, dass Weihnachten WIRKLICH ein schönes Fest ist? Ein Fest der Liebe, der Freude und Freunde? Der Seligkeiten und des Gänsebratens? Oder schnürt es Ihnen gerade den Hals zu in Erwartung eines gezwungenen Festes mit Menschen, die sich sonst immer anschreien oder anschweigen?

Weihnachten – das schönste Fest des Jahres. Vor allem, wenn alle so richtig Lust drauf haben.

- Wenn gleich nach dem Mallorca-Urlaub im Supermarkt die Lebkuchenherzen auf Sie warten.
- Wenn Sie als Verkäuferin schon im Oktober den ganzen Tag mit Weihnachtsmusik beschallt werden.
- Wenn Ihre Kinder kurz nach Ostern anfangen, den Wunschzettel zu verfassen, der dann zu Halloween dreizehn Seiten lang ist.
- Wenn Sie bereits im Sommer üben, in zehn Minuten zweihundertsiebenundachtzig Schleifen zu binden, weil Sie im Winter als Aushilfe in einer Parfümerie arbeiten werden.
- Wenn Ihr Schatz sich in diesem Jahr nun doch endlich das Brillantarmband für fünfzehntausend Euro wünscht

und Ihr Budget gerade mal hundertfünfzig Euro beträgt.

- Wenn Sie jetzt schon alle Agatha-Christie-Filme studieren auf der Suche nach dem perfekten Mord an diversen Familienmitgliedern, speziell der Schwiegermutter oder auch gern der eigenen Gattin – die nerven schon das ganze Jahr über – und an Weihnachten besonders.
- Wenn Sie schon im Spätsommer Trainingsstunden in der örtlichen Laienspieltruppe gebucht haben, um an Weihnachten ein halbwegs glaubwürdiges Dankeschön für die hässlichen und unnützen Geschenke über die Lippen zu bringen.
- Wenn Sie jetzt schon wissen, dass Sie wieder mal alleine in der völlig verdreckten Küche Plätzchen backen werden, weil Ihre Kinder nach fünf Minuten keine Lust mehr haben und lieber vor die Glotze ziehen.
- Wenn Sie sich, wie jedes Jahr, wieder selber ein Geschenk unter den Baum legen, damit Ihre Tochter nicht in dem Glauben aufwächst, Mütter kriegen nie Geschenke. Nur weil Ihr Mann ein Volltrottel ist.
- Wenn Sie immer wieder beteuern und rausbrüllen, wie supi supi supi Sie Weihnachten alleine mit Ihrer Mutter finden, und dabei aufpassen müssen, dass Sie sich nicht übergeben, weil Sie Scheidungskind sind.
- Wenn all das Sie so glücklich macht, dass Sie es kaum aushalten, wenn Sie sich nicht entscheiden können, ob sie lieber die Katze ihrer Oma in den Mixer drücken, den Lachs vom Tisch in den Kronleuchter werfen oder vor seiner Familie einen schlechten Strip hinlegen sollen, wenn Sie Dinge tun wollen, die den ganzen Wahn-

sinn zum Stoppen bringen, weil das, was Sie bereit sind zu tun, einfach noch viel wahnsinniger ist – dann ist Weihnachten!

Wenn Sie dieses Buch gelesen haben, werden Sie sich nicht mehr fragen, ob die Stimmung in anderen Wohnzimmern an Heiligabend bombiger ist, und Sie werden nicht mehr darüber nachdenken, ob die Kerzen beim Nachbarn heller leuchten oder die Lieder da drüben schöner klingen.

Nehmen Sie den Druck raus, heben Sie den Deckel ab – der Käse braucht Luft ... oder die Gans.

Viel Spaß beim Lesen.

Schöne Bescherung!

Ihre Kim Fisher und Martina Conradt

1. Advent

So ist es

1

Bettina, dreiundvierzig

Bist du schon in Stimmung?

Sie geben sich alle ganz viel Mühe: Schon im September weiß ich zuversichtlich, dass auch dieses Jahr Weihnachten kommt. Kleine rote Männer aus Schokolade salutieren fröhlich in Supermarktregalen, Kisten mit Lebkuchenherzen durchkreuzen mutwillig meinen Diät-Plan, und Marzipankugeln rollen sich mir in den Weg. By the way: Zu dieser Zeit trage ich gewöhnlich noch Flip-Flops. Nein, ich bin noch nicht in Stimmung. Und wenn ich mir die Kassiererinnen genauer anschaue, kann mir hier keiner erklären, dass selbst diese Top-Frontfrauen und im Weihnachtsrausch-Nahkampf geschulten Fachverkäuferinnen schon einen gewissen Weihnachtszauber spüren. Nö. Hier zahlt noch keiner in Zimtsternen.

So warte ich wochenlang sehnsuchtsvoll auf den ersten Schneesturm. Den ganzen Oktober, den ganzen November. Kulinarisch bin ich allerdings schon voll dabei – ein Kilo pro Monat schaffe ich locker mit den saisonalen Verlockungen. Das Zunehmen wird noch erleichtert durch Weihnachtsfeiern, Jahresendessen und unzählige Weihnachtsmärkte, die neuerdings dankenswerterweise schon Ende Oktober ihre Pforten öffnen.

Nur mit dem gewissen Gefühl klappt's nicht so richtig.

Dabei bin ich bereit, mir Mühe zu geben. Jeden Tag. Morgens und abends. Ich schalte in dieser Jahreszeit auch die Werbung nicht ab. Ab November zähle ich leicht genervt: Pro Werbeinsel wiehern vierzehn Rentiere, wackeln sechsundneunzig goldene Glöckchen, trinken drei Weihnachtsmänner circa eineinhalb Liter Kaffee, und hundertdreizehn Menschen sind besonders lieb zu einander. Die Schleifchen, Tannenzapfen und goldhaarigen Engelchen noch gar nicht mitgezählt. Sogar für den Kunstschnee kann ich mich vorübergehend erwärmen. Ich fange an, Gedichte zu lernen, zünde abends goldene Kerzen an, trinke Tee mit Zimtaroma und warte. Ach, richtig, die Räucherstäbchen mit dem Weihnachtsduft fehlen noch in der Aufzählung. Dann klappt's ja bestimmt. So.

Und? Nichts! Merkwürdig.

Jetzt sollte ich doch nun wirklich in Stimmung kommen. Das macht mich schwermütig. Alle reden davon, tun so als ob, erwarten es von einem – und ich? Ich spüre es nicht. Ich spüre nichts! Im Gegenteil. Mir ist so unweihnachtlich wie beim Tiefseetauchen in der Karibik. Nicht dass ich das machen würde, aber so stelle ich es mir vor. Es ist doch eigentlich unverantwortlich von der Werbe-, Film-, Schokoladen- und Geschenkeindustrie. Keiner weiß, wie ich mich fühle, wenn ich einfach nicht in die Stimmung komme, in der sich ja angeblich alle, alle, alle anderen auf dieser Welt bereits befinden. Bin ich eine Außenseiterin? Eine Hoffnungslose? Eine Verlorene? Ich könnte jetzt in heftige Depressionen fallen. Warum habe nur ich noch nie die Silhouette des Weihnachtsmannschlittens am Horizont gesehen? Ach so, klar. Der kommt ja auch nur in Gegenden, wo mindestens ein Kamin für ihn zugänglich ist. Eine Eineinhalbzimmerwohnung im Hinterhaus ist ihm wohl nicht fein genug. Worüber sollte er sich auch mit mir allein unterhalten? Nee, hier kommen keine ordentlich angezogenen Kinderlein mit Wunschzettelchen in kleinen Händchen aus ihren Zimmerchen gefegt. Und mein Kaffee heißt schon lange Latte macchiato. So etwas trinkt ein traditionsbewusster Weihnachtsmann nicht. Weiß ich aus dem Fernsehen. Danke, liebe blöde, gefühlsduselige, unnötig romantische und vor Glück nicht auszuhaltende Werbung! So kann man doch nicht in Stimmung kommen. Umziehen, heiraten, Kinder kriegen – ist das der Plan? Blödsinn. So kriegt ihr mich auch nicht.

Dazu kommen noch die Stimmungstöter – die sind nämlich viel schlimmer für mich als die Stimmungsmacher von ebendiesen Kaffeewerbungen. Der Anblick halb toter und schon lange nicht mehr spuckender Lamas vor Karstadt zum Beispiel wirkt besonders lustkillend auf mich und kostet mich viel Disziplin. Regelmäßig zur Weihnachtszeit werden die Tiere offensichtlich nochmals reanimiert, um wenigstens der Zirkusfamilie dank der Spendenfreudigkeit adventsbeseelter Passanten über die schwere Zeit zu helfen. Typisch. An Weihnachten greifen sie alle gern zum Portemonnaie. Oder kann man sich mit Spenden Stimmung kaufen?

Stimmung wird von außen suggeriert – man macht Stimmung. Die Bereitschaft, in Stimmung zu kommen, ist abhängig von unterschiedlichsten Faktoren: Bin ich gerade frisch verliebt? Bin ich seit zehn Jahren glücklich verheiratet? Habe ich 2,4 gesunde Kinder? Trifft sich eine große, kaum mehr zu überblickende Familie bei mir, um gemeinsam zu feiern? Habe ich überhaupt genügend Kohle, um den ganzen Zinnober zu finanzieren?

Und wieso sollen mich der Duft von Plätzchen im Treppenhaus, der Schein der Plastiklichterketten und ein Adventskalender mit billigster Schokolade, die nie schmeckt, in Stimmung bringen? Bin ich ein Pawlow'scher Hund, den man mit all diesen Dingen konditioniert und der dann automatisch anfängt, Weihnachtslieder zu bellen?

Wehmütig sortiere ich Anfang Dezember meine Flip-Flops in die Winterkiste und stelle sie für die nächsten Monate in den Keller. Ich kapituliere vor dem Wetterbericht. Denn sie sagen, es soll schneien, der Winter käme. Okay, wenn hier jetzt endlich Raureif und Schnee alles märchenhaft verzaubert, dann muss ja auch meine Stimmung kommen.

Ich habe mal wieder gezählt – ich bin in den letzten Tagen dreiundzwanzigmal gefragt worden, ob ich bereits in Stimmung sei. Und die Frage hatte keinen sexuellen Hintergrund. Die höflichen Anfragen meines Freundes habe ich da bereits abgezogen. Mein Fleischer, die Kollegen, meine Mutter, der Tankwart und sogar meine Tageszeitung wollten von mir klare Aussagen über meinen aktuellen Gemütszustand bezüglich der Vorweihnachtszeit. So wie es klingt, werde ich auch dieses Jahr versagen.

Dabei bin ich mir sicher, dass ich kein Einzelfall bin: Wir warten nicht auf das Christkind, wir warten kollektiv auf die Stimmung. Jeder will ja. Wir sind bereit. Aber vielleicht ist es wie beim Sex: Die Lust kommt manchmal auch erst beim Machen. Vielleicht scharre ich nächstes Jahr im Juli ein Grüppchen ähnlicher Versager um mich. Dann können wir gemeinsam warten.

Ich werde auf keinen Fall aufgeben! Vielleicht hilft ein Plan!

Schritt 1: Ich ändere meine Strategie. Wann immer mich einer fragt, ob ich schon in Stimmung bin, werde ich einfach tapfer JA sagen. Und mich mit Lebkuchenherzen vollstopfen.

Schritt 2: Ich kaufe mir Weihnachtsklamotten, die ich nur zu dieser Zeit anziehen werde. Ich putze mich also fürs Gefühl besonders heraus.

Schritt 3: Ich akzeptiere den Kitsch. Ich stelle ihn nicht in Frage, ich finde ihn nicht doof und hänge ihn in meine Wohnung, bis ich daran Freude entwickele.

Schritt 4: Ich schaffe Alternativen zum handelsüblichen Weihnachtsgedudel und bespiele eine CD mit meinen Lieblings-Weihnachtsliedern und lasse alle Hass-Weihnachtslieder einfach draußen. Ich höre nur noch Doris Day, Nana Mouskouri und Diana Ross. Ist, wie bei allem, Geschmackssache, Wham ist also tot!

Schritt 5: Ich schreibe Weihnachtspost. Handschriftlich formuliere ich Gedanken und Gefühle an Menschen, denen ich sowieso schon mal das ganze Jahr über irgendetwas sagen wollte. Sei es, wie schön es ist, dass es sie in meinem Leben gibt, oder sei es, dass wir uns leider auch im kommenden Jahr nicht sehen werden.

Schritt 6: Ich setze mich intensiv mit den Wünschen meiner Freunde auseinander und finde endlich mal wirklich Geschenke, die sie beglücken. Und weil ich das weiß, freue ich mich schon jetzt auf die Bescherung.

Schritt 7: Ich probiere Lafers Plätzchenrezepte.

Schritt 8: Ich gehe mal wieder nachmittags ins Kino und gucke mir den aktuellen Kinderweihnachtsfilm an. Als ich klein war, kam ich so auch immer in Stimmung. Die sollen mich mit ihren Schokomündern und klebrigen Flossen zwar nicht berühren, aber mitnehmen in ihre eigene Weihnachtswelt.

Schritt 9: Ich baue mir einen Heiligenschein und kläre wenigstens eine offene Baustelle. Mit dem Ex Frieden schließen, mit der Mutter wieder reden oder die geklaute Sonnenbrille nach siebzehn Jahren der Freundin zurückbringen.

Schritt 10: Ich freue mich auf den Heiligen Abend. Ich weiß nicht, was kommt, aber ich bin dabei. Und zwar hundert Prozent! Ich sage JA zu Weihnachten und bastele mir einen Sticker mit der Aufschrift: DU bist Weihnachten!

Vielleicht gelingt es mir ja so, eine ganze Bewegung zu starten. Eine Nation im Weihnachtsrausch.

Und wenn ich nach meinem persönlichen Zehn-Punkte-Programm noch immer nicht in Stimmung bin, akzeptiere ich es einfach, lasse Weihnachten ausfallen und mache den Tauchschein in der Karibik.

Beschwipste Tanne

2

Saskia, vierundvierzig

Dieses Jahr schaffe ich es!

Ich bin fit. Vorbereitet. Sozusagen auf dem Höhepunkt meiner Leistungsfähigkeit. Austrainiert. Bereit. Es kann losgehen. Dieses Jahr schaffe ich es!

Seit September renne ich wie eine Marathonläuferin, das Ziel vor Augen: 24. Dezember, 23 Uhr. Bis dahin ist es ein langer Weg, die perfekte Adventszeit, gekrönt von einem nahezu makellosen Heiligen Abend, zu planen und durchzuziehen.

Mein Trainingsplan ist generalstabsmäßig organisiert, die To-do-Liste fehlerfrei, meine Kondition tipptopp. Stressresistenz, Kreativität und Energie könnten besser nicht sein. Dopingmittel in diesem Fall: Johanniskrautkapseln und viel Kaffee, je nach Bedarf.

Natürlich gibt's keinen Trainer und keine Zuschauer, die mich am Wegesrand anfeuern. Im Gegenteil: Mein Team erwartet diese Leistungen. Und ich bin bereit, sie zu bringen. Schon immer, nur war ich bislang noch nie in so einer Topform. Manchmal strauchelte ich in den vergangenen Jahren kurz vor dem Ziel über Kleinigkeiten wie eine angebrannte Gans, einen schiefen Baum, ich schien schlappzumachen bei der Organisation eines Weihnachtmannes oder der gewünschten Puppe, die in der gesamten Stadt ausverkauft war. All das kann mir nicht mehr passieren. Dieses Jahr habe ich alle Geschenke gekauft, neue Keksrezepte gesammelt, den Weihnachtsmann bereits erfolgreich gecastet und eine Entscheidung getroffen, in welcher Farbe der Baum geschmückt werden soll.

Ich erinnere mich noch mit Schaudern an das Weihnachtsfest vor zwei Jahren, als mein Mann plötzlich goldenes Premium-Lametta wünschte und ich bis nach Hamburg fahren musste, um welches zu kaufen. Diese Aktion brachte jeden Plan durcheinander. Das würde dieses Jahr auf keinen Fall passieren. Nicht dass ich goldenes Lametta abgelehnt hätte – egal wie hässlich ich es fand. Der Wunsch meiner Familie ist mir einfach heilig. Und das führte in der Vergangenheit häufig zu zusätzlicher Belastung, die es zu bewältigen galt. Ich sage ja: Organisation ist alles.

Allein, wenn mein Mann und die drei Kinder sich nicht einigen konnten, in welcher Farbe der Baum geschmückt werden sollte, brachte mich das früher emotional kurzfristig vor die Tür der Nervenheilanstalt. Deshalb war das Einhalten familiärer Traditionen meine Rettung – wenn der Baum schon drei Jahre gold und rot war, dann würde es auch für die nächsten Generationen so sein. Stressfreie Zone bei diesem Thema – wenigstens da!

Sechs Wochen vor dem Weihnachtsfest beginnt die heiße Phase, auf die ich mich Monate lang in meinem eigenen, ganz privaten Trainingscamp vorbereitet habe. Zuerst kaufte ich Bastelschmuck und Tanne, Kerzen, Süßigkeiten in unendlichen Mengen, Zutaten für die

Backorgien und kleine Dekorationsartikel in jeder Form und Farbe. Ein bisschen entspannter fühle ich mich, seit es hochwertige Adventskalender für Kinder zu kaufen gibt. Deshalb bin ich nicht mehr selber wochenlang mit dem Füllen der zweimal vierundzwanzig Kästchen beschäftigt. Dafür ist das Herrichten des Hauses für dieses spezielle, ach so heilige Event ein Fulltimejob. Angefangen mit der Außenbeleuchtung und dem festlichen Kranz an der Eingangstür, der auch den Nachbarn verdeutlicht: Hier ist eine Familie in voller Harmonie glücklich bereit, sich auf das Weihnachtsfest einzustimmen. Und fast noch wichtiger: Hier ist eine tüchtige Hausfrau und Mutter, die das alles gerne macht und von Herzen willig ist, sich für ihre Familie zu zerteilen.

Wenn am ersten Advent die erste Kerze auf dem selbst gebastelten Kranz munter flackert, gehe ich mit meinen Kindern in die Küche. Heute wird gebacken. Mir ist natürlich von Anfang an klar, dass ich nach gefühlten fünfzehn Minuten alleine in der vermehlten, verkleckerten und verklebten Küche stehen werde, weil meine Kinder die Lust verloren haben und sich lieber vom KiKa fremdbespaßen lassen. Aber auch darauf bin ich vorbereitet: ein großes Glas saure Gurken gegen den penetrant süßen Geschmack des Teiges beim Kosten und eine Flasche eisgekühlten Prosecco gegen den Frust, wie jedes Jahr allein in der Küche zu stehen.

Spätestens wenn das dritte Blech Kekse im Herd aufgeht, drehe ich Roger Cicero auf und höre mir die Mär von den Frauen an, die die Welt regieren. Wenn alle sieben Sorten Kekse gebacken und dekoriert sind, alle

Kekskistchen für den Kindergarten, die Schule und die Verwandtschaft gefüllt und verpackt sind, der Prosecco leer ist und der Rücken schmerzt, mache ich mich ans Saubermachen. Schwierig in der Organisation dieses ersten Adventssonntages ist der Moment, wenn mein Mann nach einem dreigängigen Sonntagsmenü fragt. Aber auch das habe ich dieses Jahr im Griff – ich habe vorgekocht und tiefgefroren. Der zweite Advent gehört dem Intensivbasteln. Sterne für den Baum, Gestecke für die Omas, Ornamente fürs Fenster, Engelchen aus Salzteig und bemalte Wunschzettel an den lieben Weihnachtsmann. Auch bei dieser vorweihnachtlichen Familientradition ist es nicht ungewöhnlich, wenn die Kinder, für die ich dieses Spektakel arrangiere und zu einem unvergesslichen Ereignis machen möchte, schon nach einem Stern kein Interesse mehr an Mamas Aktivismus haben.

Genauso zur Tradition gehört inzwischen auch der Ablauf des dritten Advents: Die Weihnachtspost an Omi und Opi, Onkel und Tante, Freunde und Bekannte schreibt nach einem lang überlegten, wohl formulierten, mit Buntstiften und von Kinderhand gekritzelten »Hallo« die Mutti allein. Papa hält sich – auch das ist Tradition – aus allem heraus. Er möchte nicht stören. Hier hat jeder seine Aufgaben. Vor allem ich. Kurz vor dem vierten Advent muss ich allerdings auch ihn in die Pflicht nehmen. Ich muss ihn bitten, wenigstens die Getränkekisten zu schleppen. Auch der zeitliche Ablauf muss geklärt werden. Wer holt Uroma aus dem Altersheim ab? Sie ist hundertsieben und fast taub – wer kümmert sich um Ersatzbatterien fürs Hörgerät? Letztes Jahr ist es ausgefallen, und das hat den Stressfaktor für alle enorm erhöht. Das war wie Simultandolmetschen – nur das jedem professionellen Dolmetscher nach dreißig Minuten eine Pause zusteht. Mir nicht. Die wichtigste Frage in Bezug auf Uroma – wer ist so gegen 21 Uhr nüchtern genug, um sie wieder nach Hause zu bringen? Oder sollte sie dann doch etwa hier schlafen? Und wenn ja, wo? Okay, ich organisiere besser ein Taxi, dass ich exakt auf die Minute schon vierzehn Tage vorher bestelle. Die Gästeliste ist klar: seine Eltern, meine Eltern, sein Bruder mit Frau und Baby und meine Schwester – frisch geschieden mit drei kleinen Kindern. Macht fünfzehn Personen inklusive Kleinkinder. Diese Zahl führt bei mir regelmäßig zu Krämpfen, bei denen erfahrungsgemäß nur Bananen und Traubenzucker helfen. Für die Erwachsenen bereite ich ein Dreigängemenü vor. Wobei ich nicht vergessen darf, mich peinlich genau an den kulinarischen Vorlieben und Abneigungen meiner Familie zu orientieren. Sein Bruder zum Beispiel ist Extremallergiker: Nüsse, Tomaten und sämtliche Milchprodukte führen in Sekundenschnelle zu Atemnot und Pustelbildung. Meine Schwester ernährt sich ausschließlich vegan. Sie bekommt eine Extraportion Gemüsepfanne. Kein Wunder, dass ihr Mann weggelaufen ist. Die Schwiegermutter akzeptiert nur normale Küche und lehnt jedes neuartige Gewürz, wie z. B. Ingwer, kategorisch ab. Mein Vater hat zu viel Cholesterin im Blut, und die Kinder haben mit Sicherheit alle auch irgendwas. Aber selbst darauf bin ich vorbereitet.

Drei Tage vor Weihnachten bin ich eigentlich schon reif

für die Klapse. Ich lege Nachtschichten ein, um die Geschenke zu verpacken. Inzwischen habe ich Lebensmittel für ca. sechshundertfünfzig Euro gekauft und ins Haus getragen. Alleine. Auch die Getränke. Mein Mann hat Schnupfen. Ich fange an vorzukochen. Denn selbstverständlich erwartet meine Mutter, dass ich als Gastgeberin alles frisch zubereite, auch den Rotkohl, das Maronenmus und die glasierten Früchte für den Nachtisch. Die Preiselbeeren habe ich saisongerecht schon im Herbst eingekocht.

Um Punkt 16 Uhr ist alles perfekt – alle Gäste sind da, Uroma kann hören und sitzt hübsch gemacht auf ihrem Lieblingssessel. Die Kinder haben saubere Fingernägel und sogar alle gute Laune in freudiger Erwartung auf den Weihnachtsmann und die Geschenke. Mein Mann glänzt – nein, wirklich, alle könnten meinen, er wäre hocherfreut über so viel Besuch. Der Tisch ist gedeckt, die Gans wird köstlich, der Wein ist wohltemperiert, die Allergieliste aufs Sorgfältigste beachtet, und ich selbst habe es geschafft, um 13 Uhr zum Friseur zu gehen. Die Haare sitzen! Der Termin stand bereits seit Juni. Jetzt kann der Abend beginnen. Zum Glück kommt auch der gemietete, bis ins Detail gebriefte Weihnachtsmann pünktlich. Er fragt nach den richtigen Gedichten, kennt die entsprechenden Schulnoten der Kinder und hat sogar ihre Namen drauf. Okay, das hat hundert Euro extra gekostet. Aber wegen der Erfahrung vom letzten Jahr war es mir diese Investition auch wert. Alle Geschenke werden glücklich entgegengenommen. Nur der eingebildete Allergiker nölt rum, weil er Dämpfe aus seinem Geschenk spürt. Ein sündhaft teures Rasierwasser. Ich kläre ihn auf, dass es sich nicht um Dämpfe handelt, sondern um einen durchaus gewollten Duft.

Sogar das Essen schmeckt allen. Nichts fehlt. Jedem wird sein Wunsch sofort erfüllt. Wenn auch nur von mir. Ich renne hin und her, besorge jedes Getränk, spiele zwischendurch mit den Kindern, tausche die Batterien in Uromas Hörgerät aus, räume auf und ab, fülle die Spülmaschine und singe dabei fröhliche Weihnachtslieder. Und trinke. Viel. Noch mehr. Drei Flaschen Wein sind schon alle. Aber ich verliere mein Ziel nicht aus den Augen. Es ist 21 Uhr, es klingelt. Sogar der Taxifahrer ist pünktlich. Uroma will nicht zurück ins Heim. Der Taxifahrer kriegt auch noch ein Glas, damit er wartet. Daran soll die perfekte Planung nicht scheitern. Ich verspreche Uroma, sie morgen wieder abzuholen. Alle anderen amüsieren sich unter dem Weihnachtsbaum, während ich die alte Dame sanft ins Taxi schiebe. In der Zwischenzeit streitet sich meine Schwester mit dem Bruder meines Mannes um allergiefreie Babynahrung. Voller Temperament schmeißt sie ein Glas Rotwein um, das sich über die kostbare Organzadecke ergießt. Keiner wischt es weg. Auf dem Fußboden liegen Tonnen von Papier und mindestens drei zerschlagene Christbaumkugeln. Keiner holt einen Besen. Während alle laut durcheinanderschreien, holt mein Mann den Schnaps. Alle kriegen ein Glas – nur ich nicht. Er vergisst mich einfach. Ist auch eigentlich nicht mehr nötig. Inzwischen habe ich die vierte Flasche Wein angefangen. Es ist 23 Uhr. Alle sind glücklich. Ich habe es geschafft. Ein perfektes Weihnachtsfest. Eine unvergessliche Adventszeit. Nur zu viel Wein im Endspurt – denn ich hänge kotzend überm Klo. Zum Glück bin ich nicht allein. Mein Mann nimmt mich liebevoll in den Arm, setzt mich aufs Sofa und kümmert sich rührend um mich. Denn ein bisschen nagt schon das schlechte Gewissen an ihm – ich scheine mich wirklich übernommen zu haben in den letzten Wochen. Das wäre doch gar nicht nötig gewesen, sagt er. Sein Glück, dass ich mich gerade nicht wehren kann.

Weihnachtsmann nach Weight-Watchers-Diät

3

Interview mit dem Weihnachtsmann

Mike *(Toningenieur, fünfunddreißig, entspannt):* »Fabienne, kannst du mich hören?«

Fabienne *(Volontärin, zweiundzwanzig, nicht entspannt):* »Klar, Chef. Empfang ist super, Kopfhörer sitzt.«

Mike: »Dein erstes Live-Interview, oder?«

Fabienne: »Und das mit dem Weihnachtsmann. Da kann doch nichts schiefgehen *(hofft sie)!*«

Mike *(freundlich):* »In dreißig Sekunden geht's los. Ich bin ja immer bei dir und sitze in deinem Ohr. Ich sprech nur, wenn's eng wird. Viel Glück …«

Fabienne: »Hier ist Fabienne Meyer von Radio Hundertacht, live aus dem Europa-Center am Tauentzien. Es ist drei Tage vor Weihnachten, und deshalb haben wir heute für Sie und euch einen ganz besonderen Gast am Ü-Wagen: den Weihnachtsmann. Herzlich willkommen und ein dreifaches Ho-ho-ho, Herr, äh?«

Weihnachtsmann *(müde und desinteressiert):* »Kleinert. Günther Kleinert.«

Fabienne: »Hahaha, der Weihnachtsmann hat einen Namen! Das ist ja lustig (*spricht ein bisschen zu schnell).*«

Weihnachtsmann: »Was ist denn daran lustig *(ehrlich interessiert)?*«

Fabienne: »Na seit wann hat denn der Weihnachtsmann einen bürgerlichen Namen?«

Weihnachtsmann: »Seitdem der Weihnachtsmann Hartz IV-Empfänger und auf Ein-Euro-Jobs angewiesen ist.«

Mike *(nicht mehr ganz so entspannt aus der Regie):* »Mann, Fabienne, das interessiert keine Sau. Bring ihn zurück auf die Spur.«

Fabienne *(wird noch nervöser):* »Äh, lieber Weihnachtsmann, na dann hast du ja auch besonders viel Zeit, Quatsch, ich meine natürlich, wie schön, dass du für uns Zeit hast. Wir stehen hier inmitten von Hunderten aufgeregter kleiner Kinder, die ihre Wunschzettel in den Händchen halten *(lacht künstlich)* und unbedingt mit dir sprechen wollen. Das muss doch ein schönes Gefühl sein. Nahezu ein Traumberuf!«

Weihnachtsmann: »Wenn das ein Traumjob ist, dann kann sich ja jeder hier bewerben. Spiel mal vier Wochen den Hansel mit dem roten Mantel. Da weißte, was du getan hast. Jeden Morgen kann sich hier gerne jeder seinen Polyester-Plünden bei Herrn Stefans abholen. Zweiter Stock, hier im Haus, Büro Nummer 134, nicht zu verfehlen. Die eine Neonbirne ist defekt und zittert *(wollte Herr Kleinert schon lange mal los werden).*«

Fabienne: »Aber die Kinder sind doch sooo niedlich.«

Weihnachtsmann: »Ja. Jans niedlich, vor allem die Mütter, die immer Schokolade umsonst haben wollen und ihre fetten Kinder ungefragt auf meinen Schoß schubsen. Wir können ja tauschen, du Rauschgoldengel!«

Fabienne *(versucht komisch zu sein):* »Äh, äh, ich hab doch gar keinen Bart.«

Weihnachtsmann *(kann aber nicht lachen):* »Ich auch nicht. Ist Watte! Wie alles hier.«

Fabienne: »Watte, wie lustig. Hähä, Weihnachtsmann – ist das nicht der schönste Beruf der Welt?«

Mike *(aufgebracht):* »Du wiederholst dich!«

Weihnachtsmann *(berlinert stark, scheint engagiert):* »So, pass mal uff, Püppi. Wir tauschen jetzt wirklich. Du musst mir nicht erklären, wie dufte mein Leben ist. Ick jebe dir jetzt die Chance, dir deine Flügelchen selber zu verdienen. Weil ick ja so ein Spitzentyp bin.«

Mike *(im höchsten Maße erfreut):* »Fabienne, bleib an der Idee dran. Wir machen nur eine kurze Werbepause und einen Titel, und dann kommt ihr wieder. Sag dem gutgelaunten Herrn Weihnachtsmann, dass du dabei bist.«

Fabienne *(wirkt irritiert, spontaner Achselschweiß setzt ein):* »Was? Lieber Mike, äh Quatsch, lieber Weihnachtsmann. Äh, äh, ich höre gerade aus der Regie, dass wir das machen sollen. Gut, dann ziehe ich also den Mantel an und mach bei Ihnen ein Praktikum. Aber vorher gebe ich zurück ins Studio.«

Drei Minuten Pause. Fabienne zieht den Mantel an und wirkt sehr lächerlich mit dem angeklebten Bart.

Fabienne *(will jetzt alles geben):* »Hier ist Fabienne Meyer, wir sind immer noch beim Weihnachtsmann im Europa-Center. Nur jetzt haben wir die Rollen getauscht, und ich trage den Mantel und den Bart. Eine ganz ungewöhnliche Situation für mich. Ich setze mich jetzt auf den goldenen Thron mit den Rentieren aus Plüsch im Hintergrund und erwarte die ersten Kinder. Da kommt schon ein kleiner Junge. Hallo, wie heißt du denn?«

Kind 1 *(etwa vier, schweigt. Kann vielleicht aber auch gar nicht sprechen):* »…«

Fabienne: »Äh, möchtest du nicht mit mir sprechen? Ich bin doch der Weihnachtsmann, ho, ho, ho.«

Kind 1 *(kann dafür aber laut und durchdringend schreien):* »Bäääähhh …«

Fabienne: »Nun gut, diese kleine Maus hat sich wohl erschrocken. Aber du, du siehst ganz mutig aus. Wer bist du denn?«

Kind 2 *(ungefähr sechs, geschäftstüchtig):* »Hast du meine Playstation dabei? Die hatte ich mir schon letztes Jahr gewünscht. Da hast du die vergessen, hat Mama gesagt!«

Fabienne: »Äh, äh, niedlich, der kleine Mann (*lügt*). Wenn du schön artig bist, dann klappt das mit der Playstation bestimmt in diesem Jahr (*lügt noch mal*). Ich interviewe jetzt mal das Mädchen dahinten: Wie heißt du denn, mein Fräulein?«

Kind 3 *(deutlich üppig):* »Ich will Germany's Next Topmodel werden. Ich esse schon seit drei Wochen nicht mehr. Jetzt bring mich da endlich rein!«

Fabienne: »Wie alt bist du denn?«

Kind 3: »Na, acht *(sieht aber aus wie vierzehn, das Pummelchen).*«

Kind 4 *(ca. sieben, vielleicht Einzelkind):* »Geh mal zur Seite, ich will zum Weihnachtsmann.«

Kind 5 *(nicht älter als acht, ganz sicher ein Sandwich-Kind):* »Nee, ich …«

Mutter 1 *(müsste mal wieder zum Friseur):* »Nun lassen Sie doch mein Kind mal vor. Ihres war ja schon dran.«

Mutter 2 *(und die zum Zahnarzt):* »Lisa-Marie, lass dich nicht immer abdrängeln. Du warst zuerst da.«

Mutter 1 *(bereit für Kloppe):* »Sind Sie noch ganz dicht? Wie oft mein Kind dran ist, kann Ihnen doch scheißegal sein. (*Wendet sich ihrem Kind zu und schnauzt es an):* Püppchen, das Leben ist kein Ponyhof. Nur die Harten komm' in' Garten.«

Fabienne *(versucht, den Überblick zu behalten):* »Aber meine Damen, es ist Weihnachten, und wir sind live im Radio. Und wir sind glücklich, friedlich und selig. Stille Nacht, heilige Nacht …«

Mike *(sitzt grinsend in der Regie und sagt nichts. Aus seiner Sicht läuft's ja auch durchaus zufriedenstellend).*

Kind 4: »Buh, nicht singen! Schieb die Schokolade rüber!«

Mutter 3 *(ähnlich fett wie ihre Tochter):* »Nehmen Sie doch mal mein Kind aufn Schoß!«

Kind 3: »Mama, ich will nicht. Ich muss pullern.«

Mutter 3 *(energisch):* »Halt die Klappe. Wir machen schnell ein Foto. Stell dich nicht so an! Tante Marion freut sich dann.«

Fabienne *(wird langsam ungemütlich):* »Bitte nehmen Sie das Kind von meinem Schoß. Ich muss doch eine Reportage machen. Aua, hast du mich gerade gekniffen?«

Kind 3 *(altklug):* »Der Weihnachtsmann hat ja einen Busen!«

Fabienne *(ballt eine Faust, in der anderen ist ja das Mikro!):* »Spinnst du , wie kannst du mir denn so weh tun?«

Mutter 3 *(empört, kommt langsam immer näher):* »Wie reden Sie denn mit meinem Kind, Sie Weihnachtsidiot Sie! Ich hol gleich die Geschäftsleitung.«

Weihnachtsmann *(hämisch):* »Nun vergessen Sie mal das Lächeln nicht, Püppi, sonst wird das nix mit den Flügelchen, ho, ho, ho …«

Mike *(nun doch wieder angespannt):* »Fabienne, hast du noch alles unter Kontrolle? Was ist denn da los? Hast du den Kopfhörer nicht auf? Hallo, sag doch mal was …«

Fabienne *(verspürt große Lust, das Kind zu würgen, ist aber schwierig mit einer Hand):* »Runter hier, du blöde Göre! *(Sammelt sich.)* Liebe Zuhörer zu Hause, wir befinden uns immer noch im Europa-Center, und, ja, ich muss sagen, es geht hier ganz schön zur Sache. Na, so ein halbes Flügelchen ist mir wohl schon gewachsen. Ich gebe zu, der Weihnachtsmann braucht viel Geduld.«

Plötzlich wieder großes Gerangel. Mutter 3 gelingt es, ihre Tochter noch mal auf Fabiennes Schoß zu hieven.

Mutter 3 *(zückt Fotoapparat):* »Zappel nicht, Dörte. Achtung! Foto …«

Der Blitzt streikt.

Fabienne: »Mann, gut. Aber schnell jetzt!« *(Nutzt die Zeit zum Denken.)* So, meine Damen und Herren, liebe Kinder, liebe Zuhörer zu Hause, auch die schönste Bescherung muss mal vorbei sein … Danke lieber Weihnachtsmann für den interessanten Einblick in dein Leben und … *(plötzlich ist es still).*«

Mike *(aufgeregt):* »Fabienne, sag doch was. Was ist denn los?«

Fabienne *(hört sogar auf zu atmen – so sehr schweigt sie).*

Weihnachtsmann *(grinst breit und gehässig):* »Na, ist es passiert? Mir auch schon einige Male. Ja, mein Beruf hat viele schöne Seiten!«

Fabienne *(schreit auf einmal laut und durchdringend):* »Ihr Kind hat auf mein Bein gepinkelt!«

Alles lacht – außer der neuen Weihnachtsfrau.

Fabienne *(komplett am Boden zerstört und doch bis zum Schluss Profi):* »Damit gebe ich zurück ins Studio. Fabienne Meyer life für Radio Hundertacht. *(Brüllt kaum eine Sekunde später):* So eine Scheiße hier. Ein Scheißtermin, verpiss dich, du Trampel. Ich hasse Weihnachten. Kleinert, Sie Arsch. Leckt mich doch alle …«

Mike *(überlegt sich, wie er so kurz vor Weihnachten die Kündigung geschickt formuliert):* »Fabienne, nur zu deiner Info: Dein Mikro war noch offen. Deine letzten Worte haben alle gehört.«

Fabienne bricht in Tränen aus. Günther Kleinert nimmt sie in den Arm und bedankt sich aufrichtig für das investigative Interview. Er fühlt sich das erste Mal in seinem Leben wirklich verstanden. Als Weihnachtsmann.

Kim:
Hier hatte ich mich schon mal als Weihnachtsmann beworben.

4

Hans-Werner, siebenundfünfzig

Pimp my house

Alles fing mit einer defekten Lichterkette an. Deshalb musste ich eine neue kaufen. Dann kamen die dritte und die vierte. Haben Sie schon mal versucht, so eine Kette zu reparieren? Sie werden wahnsinnig. Welches dieser winzigen Birnchen ist denn nun durchgebrannt? Egal. Ich habe einfach immer welche dazugekauft. Und irgendwann waren es so viele, dass ich die einmal komplett ums Haus wickeln konnte. Sah schön aus, sagten die Nachbarn. Im Jahr drauf gab's bei unserem Discounter beleuchtete Rentiere. Zuerst fand ich es ein bisschen kitschig, aber es war ordentlich Wums dahinter. Ein einziges dieser Tierchen hat glatt ein ganzes Viertel meines Gartens beleuchtet. Ich habe gleich fünf gekauft. Die kommen ja auch sonst im Rudel daher.

Tja, und so entdecke ich Jahr für Jahr mehr leuchtende, wackelnde, animierte, blinkende Weihnachtsdekorationen. Mein Baumarkt ist da immer ganz gut sortiert. Was es nicht alles gibt! Lichtschlauchmotive, Tropfen oder Glühlampen in unterschiedlichen Farben, Fassadenlichtobjekte, komplette Lichtschlauchschriftzüge – Las Vegas könnte nicht besser ausgeleuchtet sein. Dieses Jahr habe ich noch Blitzer und Stroboskope dazugekauft. Die bringe ich aber erst ganz zum Schluss an. In den letzten zwei Jahren musste ich leider in unserer Straße ein scharfes Konkurrenzdenken beobachten. Es ist nämlich so: Die machen mir alles nach! Habe ich Lichtschlauchfarben in klar, rot und grün, setzen die einen drauf mit multicolor. In einem Schlauch! Unfassbar. Wo haben die das denn her? Ich halte es kaum aus, bis ich es nicht selber weiß. Ich kann ja nicht einfach rübergehen und fragen: Horst, wo gibt's denn die? Das ist ja wohl Ehrensache. Nee, nee, da haben wir einen unausgesprochenen Kodex. Wer fragt, hat verloren.

Um die Weihnachtszeit hebe ich also jeden Werbeprospekt aus meinem Briefkasten und den Tageszeitungen auf, um immer voll auf der Höhe zu sein und damit mir neue Highlights auf keinen Fall durch die Lappen gehen. Wenn einer hier das Licht anmacht, bin ich das!

Das ist mein Revier, und ich war der Erste, der damit angefangen hat. Sehen Sie, ich lache gerne mal hin und wieder, aber da verstehe ich keinen Spaß! Der Neue von gegenüber, der hier letztes Jahr eingezogen ist, hält sich ganz klar nicht an diese Regeln. Der kam doch tatsächlich mit einer beweglichen Schlittenkonstruktion. Respekt! Aber der kannte mich nicht! Daraufhin habe ich einen fliegenden Rentierschlitten inklusive Weihnachtsmann und Paketberg rund ums Dach montiert. fünftausend Euro hat das gekostet, plus Zollgebühren. Der hat vielleicht blöd geguckt. Hat die Witzpille ernsthaft geglaubt, ich gehe so schnell in die Knie?

Außerdem habe ich mir die Konstruktion mal genauer angeguckt, nachts um vier. Ich war mir nicht sicher, ob das den Sicherheitsbestimmungen der EU für mobile Leuchtobjekte entspricht. Und ich hatte recht. Die Kabel waren nicht ausreichend isoliert. Was da nicht alles passieren kann! Ein kleiner anonymer Hinweis bei unserer örtlichen Polizeidienststelle hat dann der Pracht auch ganz schnell ein Ende gemacht. Och, das tut mir noch im Nachhinein sehr leid. Vor allem, weil seine Kinder so geplärrt haben. Da habe ich aber auch sehr schnell für Ruhe gesorgt. Das kann nicht sein, dass die genau in der Mittagszeit solch einen Lärm machen. Wenn die was Schönes sehen wollen, können sie gerne in meinen Garten gucken. Ich wiederhole: GUCKEN! Erwische ich eine Kinderhand an meiner Winterzauberwunderland-konstruktion, scheppert's.

Geguckt werden darf jederzeit. Wird es ja auch. Die örtlichen Busunternehmen machen ihre Stadtrundfahrten in der Weihnachtszeit inzwischen gezielt an meinem Haus vorbei. Die machen sogar einen Stopp, damit die Touristen fotografieren können. So was gibt's sonst nur in Amerika, hat mir mal einer gesagt. Das macht mich schon stolz. Ich habe überlegt, ob ich nicht Geld nehmen sollte. Zwei Euro pro Foto. Ist nur sehr schwer zu kontrollieren. Manche steigen ja auch nicht aus, sondern fotografieren durch die Busscheibe. Ich arbeite noch an einer Lösung.

Übrigens wurde ich schon zweimal von der Tageszeitung ausgezeichnet. Da kam ein Reporter mit Fotograf. Das Bild war das größte von allen Bildern! Ich hab's gerahmt und an die Hauswand gehängt. Damit alle was davon haben. Die können ruhig stolz auf ihren Nachbarn sein. Manche wissen es aber gar nicht zu schätzen. Neulich kam diese geliftete Zicke von gegenüber und schrie was von »Schlafmangel wegen Dauerleuchtung und Lärmbelästigung«. Angeblich wäre es in ihrem Schlafzimmer hell erleuchtet und trotz geschlossener Augen und Vorhänge grell wie in einer Diskothek. Dann soll sie sich eine Sonnenbrille aufsetzen und Jalousien anbringen. Das kann nun wirklich nicht mein Problem sein. Wie kann man sich so über eine schöne Weihnachtsdekoration beschweren? Hat die denn gar keine Freude in ihrem Leben? Es ginge ihr gehörig auf die Nerven, dieses ständige Geplärre von wegen »Rudolph the Red-Nosed Reindeer«. Entschuldigung! Dieser ausgesprochen hochwertige Bewegungsmelder in Form eines wirklich liebenswerten Christkinds kann ja nun nichts für ihre private Schieflage. Blöde Kuh.

Noch bescheuerter ist ja wohl diese Öko-Trulla von nebenan. Die hat doch tatsächlich ein Schild in ihren Garten gestellt, das genau in meine Blickrichtung zeigt. Da steht »Weniger ist mehr« drauf und »Atomkraft, nein danke«. Ich bitte Sie, bin ich hier der Castor-Transport? Ich bin ja wohl nicht der Einzige, der Strom für Weihnachten verbraucht. Da sagt die doch zu mir, dass die deutschen Haushalte in diesem Jahr für rund einhundertzwölf Millionen Euro Strom für ihre Weihnachtsbeleuchtung kaufen. Was kann ich denn dafür? Das ist schließlich mein Hobby. Ich hab doch sonst nichts. Und alle anderen haben auch was davon. Da tut man nun was für seine Nachbarschaft, und keiner dankt es einem! Ich solle doch wenigstens eine Zeitschaltuhr einbauen. Wieso? frage ich mich. Das bisschen Tageslicht im Winter spielt doch auch keine Rolle mehr. Der Gipfel war ja wohl, als diese Grüne mir ernsthaft unterstellte, ich selber würde dafür sorgen, dass mit meiner üppigen Beleuchtung jegliche Weihnachtstimmung im Arsch sei. Bei ihr würden fünf Teelichter reichen! Wie armselig. Ich behaupte, alle, die mir schon seit Jahren an meinen Zaun pinkeln wollen, sind doch nur neidisch! Gott, wie hässlich und kleinkariert können Menschen sein. Ich darf gar nicht erzählen, dass mich mein Stromanbieter quasi zum Kunden des Monats gemacht hat! Als einen kleinen Weihnachtsgruß haben sie mir zwei Karten für das Endspiel der Eishockey-Meisterschaft spendiert. Wenn das der von gegenüber hört, schneidet der meine Kabel durch.

Vor allem wenn die sehen, was ich neu habe: eine Eisenbahnkonstruktion durch meinen gesamten Garten, mit Dampflok. Und wenn ich jetzt noch die Blitzer und Stroboskope dazu einschalte, ist mein Glück grenzenlos und hier, in der Erlengasse 17, der Nordpol! Ja!

Pünktlich um 17 Uhr kommt dann das Finale – da werden die um mich rum aber Mühe haben, ihre Kinder für die Bescherung zu begeistern.

17 Uhr – rums! Was ist denn das? Hallo? Stockfinster? Das ist ja jetzt wohl nicht wahr. Ich habe keinen Strom. Stromausfall! Sind die wahnsinnig? Es ist Heiligabend, und bei mir ist es stockeduster. Da fährt, piepst, fiepst, blinkt, leuchtet und dudelt nichts mehr. Absolut nichts. Ich werde die verklagen. Oder war vielleicht die Eisenbahn doch ein bisschen übertrieben? Habe ich meine Leitungen überlastet? Klar, das Haus ist alt. Zu viel Watt. Peinlich. Die denken doch jetzt alle, die haben mich plattgemacht. Aber nicht mit mir, Hans-Werner! Wenn ihr glaubt,

dass ich mit einer Taschenlampe durch meinen Garten irre, muss ich euch enttäuschen. Ich geh jetzt erstmal feiern. Oh, bisschen karg hier in der Wohnung. Ist mir gar nicht so aufgefallen – hier hängt tatsächlich nicht eine einzige Lichterkette. Ich hab ja nicht mal einen Baum. Ach so, richtig, wollte ich ja nicht. Aber wenigsten eine Kerze hätte ich ja aufstellen können. Mann, Mann, Mann, wie soll ich denn jetzt in Stimmung kommen? Ich kann ja nicht mal mehr Musik anmachen. Hübsch, da drüben.

Tja, jetzt bin ich es wohl, der rüberguckt. Na, so schlecht ist das gar nicht. Und echte Kerzen haben auch ordentlich Wums. Vor allem, wenn's draußen nicht so hell ist. Da wird einem ja glatt warm ums Herz. Vielleicht ist ja weniger doch mehr … Jedenfalls ein bisschen.

Genug Romantik. Die erste Anschaffung, wenn die Geschäfte wieder aufhaben: ein Notstromaggregat. Gut, und ein Satz Kerzen – aus Wachs.

Design-Schlitten von Emma

5

Harald, siebenundvierzig

Fünf vor zwei oder »Weihnachten kommt immer so plötzlich.«

Ich bin immer sehr erschrocken, wenn ich darüber nachdenke, wie schnell die Zeit rennt. Kaum ist Montag, ist auch schon wieder Donnerstag. Kaum ist Ostern, ist Pfingsten. Und dann ist auch schon gleich wieder Weihnachten. Ich sage es ja: total plötzlich. Im Grunde würde es mich nicht nennenswert stören, wären da nicht die unglaublichen Erwartungen an mich. Meine Sekretärin erwartet eine Weihnachtsgratifikation, meine Eltern erwarten meine Anwesenheit, meine Kinder, dass ich Zeit mit Ihnen verbringe, und meine Frau ein Geschenk. Oder auch zwei. Etwas Spannendes, Schönes, zum Spielen. Glitzern oder kuscheln darf es auch gerne. Dummerweise wünscht sie sich selten etwas. Nun gut – das stimmt nicht ganz: Sie wünscht sich, dass ich erkenne, was sie sich wünscht. Sie wünscht sich, dass ich weiß, wovon sie träumt. Sie stellt sich vor, ich höre ihr zu, wenn sie über Handtaschen, Uhren oder Pelze redet. Unter uns: Ich tue es nicht. Ich merke es immer dann, wenn ich krampfhaft versuche, mich zu erinnern. Ich stelle mir erneut die Situation vor, wie wir neulich im Spätsommer am Frühstückstisch saßen und sie mir in einer Hochglanzzeitung etwas gezeigt hat. Aber ich weiß partout nicht mehr, was es war. Nun könnte ich in irgendeinen Laden gehen, eine Verkäuferin nach den neuesten Trends fragen und das kaufen. Aber – ehrlich – dazu habe ich keine Lust. Im Oktober ist es noch zu früh, im November ist das Weihnachtsgeld noch nicht auf dem Konto, und im Dezember ist es zu voll. Welcher erwachsene Mann geht im Dezember in die Stadt, um sich mit allen Wahnsinnigen dieser Welt um Geschenke zu prügeln? Ich nicht.

Frauen haben sowieso eine andere Veranlagung. Bei denen ist das wahrscheinlich angeboren. Meine Frau zum Beispiel beginnt schon im Mai mit dem Kauf diverser Geschenke. Es müssen auch viele sein, da sie die Weihnachtskalender für unsere Kinder und mich immer selber bastelt. Ja, ich kriege seit dreizehn Jahren jedes Jahr einen Weihnachtskalender. Selber gebastelt. Und vor allem auch selber gefüllt. Und da sind keine Billigartikel drin. Ich habe sogar den Eindruck, sie sind nicht mal gedankenlos gewählt. Das sind dreimal vierundzwanzig Päckchen – macht zweiundsiebzig kleine, liebevoll verpackte Geschenke. Zweiundsiebzigmal hat sie darüber nachgedacht, worüber wir uns so freuen könnten. Hat sie sonst nichts zu tun? Für die Kinder ist das natürlich selbstverständlich – sie sind damit aufgewachsen, sie kennen es ja nicht anders. Ich finde sie dennoch gelegentlich etwas undankbar, wenn sie das als selbstverständlich hinnehmen. Oder sich lediglich mit selbst bebasteltem oder schnell gekauften Plastikkram vom Billigladen um die Ecke revanchieren. Ich finde schon, für seine Mutter kann man ruhig mal nachdenken, worüber sie sich wohl freuen würde. Ist denn das zu viel verlangt, wo sie sich doch das ganze Jahr für sie aufreibt? Gut, meine Frau sagt immer, sie freut sich über die kleinen kitschigen Vasen oder Schneekugeln mit Buddha-Figuren. Wie kann man sich darüber freuen? Okay, das buchen wir mal ab unter genetischer Verblödung.

Meine Schwester zum Beispiel kollabiert jedes Mal vor Glück, wenn ihr inzwischen hundert Kilo schwerer dreizehnjähriger Sohn sein Kampfgewicht in ein Geschäft schiebt, um für sie Engelseife und eine Tasse mit Engelaufdruck zu erwerben. Das ist auch Grund zur Freude. Schließlich ist das Kind dermaßen phlegmatisch, dass es gelegentlich in seinem eigenen Kosmos vor Langeweile zu ersticken droht. Nach der Bescherung ruft sie immer meine Frau an und hängt ihr in den Ohren, welch schöne Geschenke sie bekommen und wie sehr der Junge doch wieder mal nachgedacht hätte über die Wünsche seiner Mutter. Engelseife!

Was habe ich eigentlich in den letzten Jahren geschenkt bekommen? Einen Montblanc-Stift, als ich den neuen Job angenommen habe. Diesen wunderbaren Kaschmirpullover, als meine Haare grauer wurden. Die Reise nach Lappland, als ich das Gefühl hatte, dass das doch nicht alles gewesen sein konnte in meinem Leben. Damals ließ ich mich von einem Hundeschlitten durch die Einsamkeit ziehen und kam sehr erfrischt wieder nach Hause. Ihre Geschenke kamen zur rechten Zeit. Auch immer schön verpackt. Mit Herzchen und Weihnachtsmännern drauf. Daran erkenne ich, wie sehr sie mich liebt. Und ich liebe sie auch. Wirklich. Und ich möchte sie auch endlich mal wieder überraschen. Ganz am Anfang unserer Beziehung ist mir das auch einmal gelungen. Ich schenkte ihr einen Wochenendtrip nach Paris. Das klingt zwar jetzt simpel, aber wir waren sehr verliebt. Auf dem Flohmarkt entdeckte ich dann einen kleinen silbernen Anhänger in Form eines Frosches. Das war sehr passend, weil sie sich gegen ein Biologiestudium entschieden hatte, weil sie keine Frösche sezieren wollte. Das war der Moment, in dem ich mich endgültig für sie entschieden habe. Diese Frau sollte und wollte beschützt werden. Sie trägt den Frosch heute noch. Darauf bin ich ein bisschen stolz. Und es wäre doch schön, dieses Gefühl wieder zu bekommen. Jahr für Jahr nehme ich es mir vor. Ich bin so ein träger Arsch. Aber wenn ich bloß darüber nachdenke, in eins von diesen überfüllten Kaufhäusern zu gehen, überkommt mich schlechte Laune, und es setzt sofort Schweißausbruch ein. Das kann meine Frau nicht wollen. Ich glaube, es war 1999, als ich mir das angetan habe. Heiligabend, keine Parkplätze, volles Kaufhaus, Temperaturen um fünfunddreißig Grad, und das im Wintermantel, gefühlte eine Million Menschen um mich rum, die alle das Gleiche wollten – ein Geschenk auf den letzten Drücker. Die Verkäuferinnen waren völlig überfordert, die Kassen irre voll, an eine Beratung oder Ähnliches gar nicht zu denken. Die Regale wirkten auch schon ziemlich geplündert. Ich stand damals mitten im Laden, die Panik kroch wie ein Tintenfisch in meinen Nacken, ich wurde hin und her geschubst, und dann fiel mir doch tatsächlich eine Parfüm-Tester-Flasche aus den Händen und zerbrach mit ohrenbetäubendem Lärm in tausend kleine Splitter. Traumatisch. Ich bin dann in die sechste Etage dieses Kaufhauses, habe mich an einen Bierstand gestellt und gewartet, bis eine freundliche Stimme über Lautsprecher erst den Feierabend und dann »Allen Kunden eine schöne und besinnliche Weihnachtszeit« verkündete. Relativ angetrunken fuhr ich nach Hause, setzte mich an meinen Computer und kreierte einen Gutschein. Ist mir auch gut gelungen, da ich ein recht vernünftiges Grafikprogramm habe. Ja, sie hat sich damals auch gefreut bzw. war sogar überglücklich, als ich ihr meine schrecklichen Stunden in dem Kaufhaus schilderte. Ich hatte sogar das Gefühl, am Ende doch ein bisschen wie ein Held dazustehen, schließlich hatte ich mich für sie in die Höhle des Löwen gewagt.

Ab dann gab es immer nur noch Gutscheine. Nicht besonders kreativ, aber, wenn ich es mir recht überlege, hatten wir doch beide was davon: Schließlich waren die Summen ordentlich! So konnte sie sich ihre Geschenke selber aussuchen, und es gab keine enttäuschten Blicke unterm Baum – und ich musste weder nachdenken noch in ein Kaufhaus. Natürlich gab's auch nie die euphorischen Kettentelefonate mit ihren Freundinnen über wirklich gelungene Überraschungen. Die Höhe der Gutscheine wird zwar in der Regel durchaus mit Anerkennung quittiert, aber ich gelte in ihrem Inner Circle nicht als der König der Phantasie. Eigentlich ein bisschen schade, denn es sind schon schöne Momente, wenn Frauen vor Freude durchdrehen. Man hat dann eine gewisse Zeit eine gewisse Narrenfreiheit. Sie sind dann irgendwie besonders lieb. Und so unkritisch. Leider ist mir dieser Zustand lange verwehrt geblieben.

Es ist jetzt kurz vor zwei – Zeit mich an den Computer zu setzen. Aber für nächstes Jahr nehme ich mir fest vor, dass ich ihr erstens zuhöre, wenn sie über ihre Wünsche spricht, und zweitens spätestens im Oktober ihre Päckchen in meinem Schrank verstecken werde. Natürlich hoffe und erwarte ich, dass wenigstens unsere Kinder sich schon dieses Jahr was Schönes für ihre Mutter ausgedacht haben. Sie hat's echt verdient.

Fröhliche Weihnachten.

6

Kerstin, neununddreißig

Und Heiligabend werden wir heilig

Wir wollten es unbedingt. Er und ich. Und jetzt sitzen wir hier in der Kirche. Da, wo wir sonst das ganze Jahr nicht sitzen. Die Gans war lecker, der Champagner perlte, die Geschenke funkelten, und jetzt warten wir auf Gottes Segen. Wann geht's denn los? Es ist wirklich voll heute Abend. Davon träumen die »Veranstalter« doch das ganze Jahr über. Und hinter der letzten Reihe stehen die sogar! Ach nee, Frau Söring hat keinen Platz mehr bekommen. Wann habe ich die denn das letzte Mal gesehen? Genau, vor einem Jahr hier. Ist die dick oder schwanger? Und dahinten, mein netter Fleischer. Guck mal, die Meier mit dem Dr. Räschke. Sind die jetzt ein Paar? Der war doch letztes Jahr noch mit seiner Frau hier, so einer spirreligen, blond gefärbten Tante. Die sieht gut aus, die Meier. Sex oder Botox? Hm, klingt beides gut. Hätte ich auch gern. Mann, was ist denn jetzt? Die lassen sich aber echt Zeit heute. Na ja, haben wir noch die Chance, ein bisschen Leute zu gucken. Dieser Pelzmantel dahinten lag bestimmt vorhin noch unterm Weihnachtsbaum! Und die Handtasche hat doch ein Vermögen gekostet. Hätten die mit den Kindern nicht nachmittags kommen können? Au, die hat aber auch schon 1,8 im Turm. Das ist lustig, hier reinzutorkeln, und alle dürfen an diesem Alkoholdesaster teilhaben. Wahrscheinlich musste die ihren Frust über die billigen Weihnachtsgeschenke im Glühwein ertränken. Aber schön geschmückt haben sie es wieder. Gute Deko. Die geben sich jedes Jahr wirklich Mühe. Da spielt auch Geld gar keine Rolle. Wer zahlt das eigentlich? Ach richtig: wir. Also, ich ja nicht mehr.

Ich war lange Mitglied in der Kirche. Auch wenn ich nie besonders gläubig war. So was erbt man ja quasi. Und es gab mir immer ein gutes Gefühl, Teil einer Gemeinschaft zu sein und vor allem auch abzugeben, also zu ahnen und zu hoffen, dass die Kirchensteuer sinnvoll eingesetzt wird. Bei der Jugendarbeit, der Armenspeisung oder auch dafür, die Gotteshäuser in Schuss zu halten. Was der Pfarrer allerdings mit seinem Gehalt, also meiner Kirchensteuer, machte, war mir weitgehend schnuppe. Ich habe Jahr um Jahr circa neun Prozent meines Bruttoeinkommens an den Verein abgegeben – ohne großartig zu murren. Ich bin getauft, konfirmiert und hatte ganz klar den Traum in Weiß vorm Altar. Bis zu dem Tag, als meine Freundin heiratete. Der zerstörte alle Illusionen einer stimmungsgeladenen Atmosphäre in einer Kirche.

Und ich hätte es schon in meiner frühen Jugend wissen müssen: Meine Konfirmation nämlich entpuppte sich bereits als eine echte Herausforderung für meine Mutter. Sie war durchaus willens, eine ganze Packung Tempotaschentücher zu verheulen. Da der Pfarrer aber nur vom kaputten Dach und der nächsten, von der Gemeinde zu finanzierenden Seniorenreise sprach, kam sie nicht richtig in Stimmung. Keine einzige Träne floss, stattdessen war sie über die aufdringliche Bettelei in höchstem Maße angefressen.

Das, was ich nun auf der Hochzeit meiner Freundin erleben durfte, toppte dieses Erlebnis um ein vielfaches. Die Pastorin begann ihre Rede schlauerweise mit dem Hinweis, dass an dieser Stelle eigentlich das Brautpaar im Mittelpunkt stünde. Das war's dann aber auch an Romantik. Anschließend palaverte sie über den maroden Zustand der Sitzbänke, den müden Klang der Plastikorgel und die zerfledderten Gesangbücher. Sie wollte offensichtlich Geld. Viel Geld. Ob meine Freundin und ihr Zukünftiger den schönsten Tag ihres Lebens heilig, festlich und vor Gottes Gnaden erleben wollten, interessierte sie nicht sonderlich. Lediglich eine kleine musikalische Einlage brachte die Hochzeitsgesellschaft ein wenig in Schwung. Das war an einem Samstag. Am darauffolgenden Montag saß ich auf dem Einwohnermeldeamt, um mich nach vielen gemeinsamen, treuen und zahlungswilligen Jahren für immer aus der Kirche zu verabschieden. Ich habe das so weit gut verkraftet.

Guten Abend, liebe Gemeinde. Ich freue mich, Sie wenigstens einmal im Jahr hier in unserem Gotteshaus zu sehen. Wieder haben die Konfirmanden die Christmesse vorbereitet.

Der sieht aber gut aus, der Herr Pfarrer. Ansonsten würde ich jetzt am liebsten zusammenbrechen ob der gähnenden Langeweile, die mir in der nächsten Stunde bevorstehen wird. Warum wollten wir noch mal in die Kirche? Klar, wegen der super Stimmung. Es ist einfach eine schöne Atmosphäre, wenn alle, die man tagsüber sonst im Supermarkt, an der Tankstelle oder beim Bäcker trifft, hier hübsch gemacht aufeinandertreffen. Wir sind Weihnachten! War das nicht auch so bei der Fußball-WM 2006? Alle feiern das Gleiche. Und haben gute Laune.

Euch ist heute der Heiland geboren. Diese Botschaft bestimmt das Weihnachtsfest. Sie hat schon die erste Weihnachtsfreude ausgelöst. Weil Menschen diese Botschaft hörten, feierten sie Weihnachten. Sie priesen und lobten Gott. Darin bestand ihr Feiern.

Sag ich doch, ums Feiern geht's! Wobei hier einige sitzen, die eher so aussehen, als wäre Gottes Segen das Einzige, was ihnen jetzt noch helfen könnte. Der in der dritten Reihe rechts hat doch gerade eine richtige Pleite hingelegt. Dem hat das Finanzamt die Konten gepfändet. Das stand neulich in der Zeitung. Für ihn ist das wahrscheinlich ein friedlicher Moment. Vor Gott sind alle gleich. Hoffentlich. Das ist so typisch – seine Mitarbeiter in die Arbeitslosigkeit zu schicken und dann hier zu sitzen, um die eigene, persönliche Scheiße zu deckeln. Wahrscheinlich hat der noch nie Kirchensteuer gezahlt. Erwartet der jetzt ernsthaft eine Absolution? Drei Ave Maria und ein Rosenkranz? Oh, Stammtischparolen, liebe Kerstin! Das ist nicht gut. Schließlich ist doch Heiligabend, und wir sind hier in der Kirche.

Weihnachtlich geht es zu, wenn niemand ausgeschlossen wird und auch die Ärmsten im Blick sind. Ihre Sorgen aber werden größer. Ältere Menschen rechnen, ob ihre Rente reicht. Langzeitarbeitslose sorgen sich um die Sozialhilfe. Junge Leute scheuen davor zurück, Kinder zu bekommen. Denn es heißt, Kinder könnten zum Armutsrisiko werden.

Ist ja gut. Wir sind hier wegen der Stimmung, oder? Außerdem muss ich mal. Der Champagner ... Mann, die Bänke sind aber kalt. Gut, dass ich den neuen Mantel noch anhabe. Der macht ja sowieso einen schlanken Fuß. Was jetzt auch echt gut ist, bei den Tonnen an Lebkuchen, die ich seit vier Wochen in mich hineinstopfe. Nicht dass die anderen am Ende noch über *mich* reden. Och, Mensch, die Gudrun ist auch da. Die habe ich ja lange nicht gesehen. Ob die noch mal einen Mann abkriegt? Übrigens, wenn ich mich so umgucke – viele Singles hier. Klar, 22-Uhr-Messe. Weihnachtsfeier bei Freunden und Eltern ist vorbei, jetzt geht man auf Akquise für Silvester. Das ist ja die reinste Partnerschaftsvermittlungsanstalt. Ganz im Sinne der Kirche – seid fruchtbar und mehret euch! Nur dass man hier keine Vermittlungsgebühr für den Traumpartner zahlt. Obwohl – gerade jetzt zahlen ja viele freiwillig. Noch mal schnell vor Jahresende das Gewissen putzen. Was kostet eigentlich ein gutes Gewissen? Dafür gibt's zum Glück vor Weihnachten unzählige Spendensendungen um 20 Uhr 15. Man kommt ja gar nicht dran vorbei. Die Fernsehmacher sind ja nicht blöde und kennen ihre Pappenheimer. Kein Sender kann darauf verzichten. Zwei Millionen Euro für Kranke in der einen Sendung, vier Millionen für Hungernde in der anderen. Aber im Grunde ist das egal, warum man spendet. Hauptsache ist doch, man tut was! Brrr. Ist fußkalt hier! Gott sei Dank habe ich die Nerzstiefel an.

Aber irgendwann ist diese Gottseligkeit vorbei. Dann

müssen wir wieder umkehren und in den Alltag zurückgehen, in unsere kleine oder große Welt, zu unseren Aufgaben und Verantwortlichkeiten, zu unseren Familien und Freunden.

Gute Idee, Herr Pfarrer. Reicht dann auch für heute.

Ist Weihnachten nur eine Auszeit oder ein Neubeginn?

Super. Nehme ich als Hausaufgabe mit. Habe die Frage an dieser Stelle verstanden und verspreche, das gesamte Jahr darauf rumzukauen. Aber jetzt muss ich wirklich sehen, dass ich Dörte noch erwische – auch so 'ne Gelegenheitschristin! Ich will sie unbedingt noch fragen, was sie von ihrem neuen Lover geschenkt bekommen hat. Vielleicht lag ja schon der Ring unterm Bäumchen.

Gesegnete Weihnachten wünsche ich Ihnen und ein frohes Fest.

Amen!

Wie feiert eigentlich der Eskimo?

Weiß! Ja. Eskimos haben definitiv eine weiße Weihnacht. Da muss man auch nicht jeden Tag aufs Neue den Wetterbericht verfolgen oder den Meteorologen vom Dienst befragen. Schnee ist zu dieser Jahreszeit dort eine sichere Bank. Und sonst? Essen Eskimos eine Weihnachtsgans mit Rotkohl und Klößen? Oder vielleicht doch eher Fischstäbchen und Kinder Pinguí wie in der Werbung? Andere Länder, andere Sitten – wir haben nur mal die skurrilsten und wundersamsten Weihnachtsbräuche aufgelistet. Auch wenn vielleicht nicht jeder Einheimische jeden Brauch kennt, mag oder lebt …

JUTDLIME PIVDLUARIT UKIORTAME PIVDLUARITLO!

England

Spätestens am 24. 12. gegen drei Uhr nachmittags ist die Queen sehr amused. Dann nämlich hängt ihr gesamtes Volk, wahrscheinlich wie immer ohne Strümpfe, dafür bei Plumpudding und Truthahn und mit Knallbonbons und Papierhütchen ausgerüstet, an ihren Lippen und lauscht der Weihnachtsansprache, die direkt ins gesamte britische Commonwealth (hier ein kurzer Gedanke an Evelyn Hamann und Loriot) übertragen wird.

Wenn die Kinder bei uns schon Angst vorm Weihnachtsmann haben, dann sollten sie mal als Austauschschüler am 6. Januar »Mari Lwyd« begegnen. Die kommt nämlich an alle Haustüren und stellt Fragen. Können die englischen Kinder diese nicht beantworten, werden sie von der weiß vermummten Gestalt »Mari Lwyd« gebissen! Jawohl, gebissen. Wo bleibt denn da die Supernanny? Sonst ist alles schön: Der Weihnachtsmann heißt Santa Claus und lässt sich beim Liefern der Geschenke ein bisschen mehr Zeit. In der Nacht auf den 25. 12. stopft er die Strümpfe am Kaminsims voll – deshalb tragen die Britten im Winter auch keine!

MERRY CHRISTMAS!

Italien

Hier gibt's eine gute Hexe! Na, das ist doch mal schön. Leider war »La Befana«, der Legende nach ein bisschen schusselig, hat den Bus zur Krippe verpasst und somit auch den Stern. Da DJ Ötzi auch nicht überall sein kann, irrt sie nun allein durch Italien auf der Suche nach dem Christkind. Dabei hinterlässt sie vorsichtshalber ihre Visitenkarte in Form von Geschenken, in der Hoffnung, doch noch das Christkind zu finden. Nach 2000 Jahren! Das ist mal treu. Und dann gibt's da noch San Nicola. Der hängt die Geschenke an die Schlafzimmertür. Und am 25. 12. findet auch noch eine Familienlotterie statt, bei der jeder eine Nummer für ein spezielles Geschenk zieht. Auf ins großzügige Italien!

BUON NATALE!

Griechenland

Noch länger auf ihre Beute müssen die armen Kinder in Griechenland warten. Da kommt der heilige Vassilius erst in der Nacht zum 1. Januar und legt ihnen die Geschenke vors Bett. Die Erwachsenen können schon mal einen Termin beim Zahnarzt vereinbaren: Sie kriegen nämlich einen Weihnachtskuchen, in den eine Goldmünze eingebacken ist. Wer draufbeißt, hat Zahnschmerzen, aber angeblich auch das ganze Jahr Glück.

KALA CHRISTOUGENNA!

Dänemark

Nicht ganz so hart trifft es die Dänen. Da ist nur eine Mandel im Reisbrei versteckt. Gleiche Chance auf Glück, aber weniger Risiko auf Zahnprobleme! Das Ganze findet bei Tee und Apfelkuchen mit Freunden und Familie schon am 23. Dezember statt.

GLÆDELIG JUL!

Philippinen

Bei denen sind wir uns nicht ganz sicher, ob da nicht vielleicht ein Fehler vorliegt: Die singen ein Lied, das da heißt »Maligayang Pasko« zur Melodie von »Happy Birthday«. Na ja, irgendwie passt es ja trotzdem.

MALIGAYANG PASKO!

Frankreich

Was so hübsch klingt, dürfte unserer Meinung nach auch an Weihnachten nicht auf dem Speiseplan stehen: Die Franzosen lieben ja viele merkwürdige Speisen, aber an dieser Stelle würden wir sie gerne bitten, auf »Foie Gras« zu verzichten. Das ist Gänsestopfleber und einfach nur pervers. Vielleicht könnten sich das die Kinder von ihrem Weihnachtsmann, dem »Père Noël«, mal wünschen.

JOYEUX NOËL!

Mexiko

Richtig Spaß haben die Kinder in Mexiko. Da dürfen sie offiziell hauen! Und damit's auch wirklich lustig wird, mit verbundenen Augen. Vorsichtshalber ist das Prügelobjekt, die »Pinanta«, aus Ton, dafür bis an den Rand gefüllt mit Süßigkeiten. Mit ein bisschen Pech gibt's was auf die Pfoten, ansonsten viele Leckereien. Um Mitternacht singen dann alle unter lautem Feuerwerkskrachen und zu Blumentänzen »Feliz Navidad«.

FELIZ NAVIDAD!

Ecuador

Ha! Hier kommen sie also her – unsere traurigen, spuckenden Zirkus-Lamas, die an kalten Wintertagen schlapp vor C&A stehen müssen. In Ecuador werden die armen Tiere ganz müde gespielt: Bunt geschmückt ziehen die Indios mit ihnen von den Bergen runter zu den Anwesen der Arbeitgeber. Und dann wird gemeinsam kräftig gefeiert und gegessen. Kein Lama, sondern Lamm – Augen auf bei der Buchstabenverteilung! Manchmal kann ein einziger Buchstabe über Leben in der Fußgängerzone und Tod in Ecuador entscheiden.

FELIZ NAVIDAD!

Kenia

Apropos, in Kenia ist es eine Ziege, die dran glauben muss. Die wird erst geschlachtet und dann brüderlich unter der Familie aufgeteilt. Kleiner Gruß an alle gestressten in Deutschland lebenden Mütter: In Kenia sind es die Kinder, die für dieses Fest putzen, kochen und dekorieren. Gefeiert wird sehr fröhlich – mit viel Tanz und vielen Menschen.

KRISMAS NJEMA NA HERI!

Amerika

Wie die Amis feiern, wissen wir alle aus unzähligen Filmen. Deshalb an dieser Stelle nur ein bisschen Bildung: Wofür steht das X in X-mas? Na? Na? Das X ist der erste Buchstabe der griechischen Schreibweise von Christus! So! Reicht. Weiterfeiern.

MERRY X-MAS!

Indien

Viele Menschen, viele Glaubensrichtungen, viele Sitten, viele Bräuche. Einer davon: Am Weihnachtsmorgen bekommt der Familienchef eine Zitrone als Symbol der Verehrung überreicht. In Deutschland gibt's auch Zitronen für Männer: allerdings, und das richtig offiziell, für frauenfeindliche Macho-Allüren und herausragende unangenehme Leistungen rund ums Mannsein.

SHUBH NAYA BARAS!

Bulgarien

Hier verfolgen die jungen Männer, vor allem die unverheirateten, ganz andere Ziele: Sie ziehen singend von Haus zu Haus und gucken mal so. Könnte ja sein, dass im Laufe des vergangenen Jahres im Nachbarhaus ein hübsches junges Mädchen herangewachsen ist. Sehr praktisch, diese Sitte. Außerdem gibt es traditionell zwölf Gerichte auf dem Weihnachtstisch, eins für jeden Monat des Jahres. Lecker, aber auch sehr aufwendig.

VASEL KOLEDA!

Schweiz

Hier wird in Küssnacht zum Klausjagen geblasen! Machen Sie was draus!

FRÖHLICHI WIEHNACHT!

Japan

Da ist es der Herr »Hoteiosho«, Priester von Beruf, der den braven Kindern die Geschenke bringt. So ganz ohne ist auch der nicht: Fieserweise trägt der seine Augen nämlich im Hinterkopf und kann damit heimlich sehen, was die lieben Kleinen so treiben.

SHINNEN OMEDETO!

Bangladesch

Oh, Palmenbaum, oh, Palmenbaum, wie grün sind deine Blätter. Da macht doch der Text mal Sinn! Hier gibt's keine Tannen, die nadeln, sondern Palmen, die wedeln! Und genau damit, also mit Bananenblättern, wird geschmückt!

SHUVO BARO DIN!

Brasilien

Eigentlich unterscheidet sich das Weihnachtsfest kaum von unserem – aber der brasilianische Nikolaus lässt es sich nicht nehmen: Ein bisschen Karneval steckt auch in ihm! Mit einer riesigen Showeinlage wird er jedes Jahr mit einem Helikopter im größten Fußballstadion der Welt vor zweihundertfünftausend begeisterten Fans abgesetzt. Steckt da denn der Nationalheld und Fußballgott Pelé im Nikolauskostüm?

BOAS FESTAS!

Russland

Hier kommt Väterchen Frost erst am 7. Januar. Und das auch nicht allein, sondern in Begleitung von »Schneeflocke« und »Babuschka«. Das Fest und die Feierlichkeiten gerieten durch die politischen Vorkommnisse ein wenig durcheinander. An unserem Weihnachten passiert bei denen nichts. An unserem Silvester allerdings gibt's bei ihnen Geschenke, und am 6. Januar, wo eine schwedische Möbelhauskette uns pflichtbewusst daran erinnert, unsere Weihnachtsbäume aus dem Fenster zu werfen, feiern die Russen ihren Heiligen Abend, die Erscheinung des Herrn. Egal wie und wann, Hauptsache es wird gefeiert. Mit Wodka, serviert in Wassergläsern. Viel muss es sein. Nastrovje!

POZDREVLYAYU S PRAZDNIKOM ROZHDESTVA!

Martina hielt hier wohl in Moskau einen Vortrag über Relativitätstheorie.

Mutti,
Tini und Vati Frost.

Martina mit einer mopsfidelen Kinderschar. Wonach die Kopfbedeckungen damals schmeckten, hat sie den putzigen Jungen aus der Mitte nie gefragt.

Baumlebkuchen

Rezept für 40 Stück (Zirkaangabe)

150 g 50 ml	Marzipanrohmasse Milch	Marzipan mit der Milch leicht erwärmen und glatt rühren.
		Den Backofengrill vorheizen.
220 g 100 g 1 EL 1 Prise 6	weiche Butter Puderzucker Lebkuchengewürz Salz Eigelbe	Butter zusammen mit Puderzucker, Lebkuchengewürz und einer Prise Salz schaumig schlagen. Nach und nach die Eigelbe unterrühren und dann das glatt gerührte Marzipan untermischen.
6 1 Prise 100 g 90 g 80 g	Eiweiß Salz Zucker Mehl Speisestärke	Eiweiß mit einer Prise Salz steif aufschlagen und dabei langsam den Zucker einrieseln lassen. $^1/_3$ davon unter den Teig heben. Mehl und Speisestärke mischen und die Hälfte unter den Teig rühren. Den restlichen Eischnee und die restliche Mehl-Stärke-Mischung behutsam unterheben.
		Eine dünne Schicht Teig gleichmäßig in eine mit Backpapier ausgelegte Form (20 x 30 cm) streichen. Diese Schicht unter dem Grill etwa 2 Minuten goldbraun backen. Danach eine weitere dünne Teigschicht einfüllen und ebenso backen. Auf diese Weise weiter verfahren, bis der Teig aufgebraucht ist. Anschließend das Ganze nochmals zugedeckt bei 160° C etwa 5 Minuten backen und dann auskühlen lassen.

ganze Mandeln zum Verzieren
100 g Aprikosenmarmelade

Den kalten Baumlebkuchen in Dreiecke schneiden, mit Mandeln verzieren und mit aufgekochter Aprikosenmarmelade dünn überziehen.

Baumlebkuchen

2. Advent

Oder so könnte es sein

7

Monika, neunundvierzig

Erste Liebe unterm Baum

Es ging viel zu schnell. Haben alle gesagt. Nach sechs Monaten! Im Sommer verknallt und im ersten Schnee geheiratet. Verrückt! Ja, stimmt. Aber das machte uns eben aus. Jung und verrückt. Anders als andere. Einzigartig beinahe. Und so, wie wir unsere Liebe zelebrierten, sollte unser ganzes Leben sein. Auch unser erstes Weihnachtsfest. Die Messlatte hing echt hoch. Keiner von uns hatte Weihnachten je in Eigenregie organisiert. Weihnachten gab's bislang doch immer bei Mutti. Mensch, wir waren neunzehn und zwanzig! Klar, dass wir, jetzt sehr erwachsen, auch sehr alleine feiern wollten. Nur mit uns. Und einem Sack voller Geschichten, die wir später unseren Enkelkindern erzählen wollten. Spektakulär und phantasievoll.

Das Ganze lief natürlich nicht ganz ohne Stunk im Vorfeld. Meine Mutter war beleidigt. Ich gehörte fest in ihre Weihnachtsplanung. Das war innerhalb kürzester Zeit der zweite, echte Tiefschlag im Leben meiner Eltern. Erst die Hochzeit, und nun das! Erstaunlicherweise gelang es meinem Vater damals dann aber doch irgendwie, seine heiß geliebte Prinzessin vor dem Traualtar einem anderen zu überlassen. Dem neuen Mann in ihrem Leben.

Für meine Mutter glich diese Hochzeit bis zum Schluss einer innerfamiliären Katastrophe. Egal. Ich hatte mich entschieden. Die Familie meines Mannes reagierte ebenfalls verstimmt auf unsere Ansage, Weihnachten mit uns alleine sein zu wollen. Wir wollten doch nur dieses eine, dieses erste, dieses ganz besondere Jahr mit uns sein. In unserer kleinen Studentenwohnung.

Auch seine Mutter schnauzte uns an: »Gut, eine Hochzeit kann ich gerade noch akzeptieren. Aber Weihnachten? Dass du mir an Weihnachten meinen Sohn wegnimmst, grenzt an bodenlose Frechheit und ist einfach nur unverschämt. Das muss ich auch nicht verstehen. Geschweige denn akzeptieren!« Solche Sprüche auf unserem Anrufbeantworter häuften sich, je näher der Heilige Abend kam.

Ich bin auch absichtlich nicht mehr ans Telefon gegangen, damit sie sich jedes Mal den langen, verliebten Ansagetext auf unserem AB anhören musste, den wir im Rausch der Gefühle und mit viel Rotwein im Blut gerade beide besprochen hatten.

»Hier sind Ben und Lisa. *(Das tat noch nicht so weh!)* Also, Frau und Herr Ehrlich! Hihi. (*Der Puls ging ab jetzt mit Sicherheit schneller.*) Mein Mann (*kotz!)* und ich sind gerade nicht in der Lage, ans Telefon zu gehen. Wahrscheinlich haben wir uns in diesem Moment schrecklich lieb. (*Kinder haben keinen Sex!)* Rrr, meine Süße, das habe ich jede Sekunde des Tages, weil meine Frau die tollste Frau der Welt ist. (*Spätestens bei dem Satz dürfte meine Schwiegermutter hyperventiliert haben, juchhu!*) Bitte hinterlasst doch eure Nachricht nach dem Piep. Wir melden uns, wenn wir wieder sprechen können. (*Diese Information würde sie mir bis an mein Lebensende nicht verzeihen können!*)

Also gingen wir gar nicht mehr ans Telefon. Wir mussten uns ja schließlich auch um uns und unser erstes eigenes Weihnachtsfest kümmern. Zuerst schmissen wir unsere Traditionen auf einen Haufen. Was wollte ich, was wollte er? Baum? Ja! Da waren wir uns einig. Echte Kerzen? Klar. Unbedingt! Fand in unseren beiden Familien schon seit Jahren nicht mehr statt. Zu gefährlich! Wie spießig. Bei meinen Eltern stand sogar immer ein Eimer Wasser neben dem Adventskranz. Aber wir wollten es so richtig romantisch. Also echte Kerzen – natürlich in rot! Geschenke? Jajajajaja! Welcher Vollidiot kam nur mit diesem christlichen Zeug um die Ecke, sich darauf zurückzubesinnen, was Weihnachten eigentlich ist, und deshalb auf Geschenke zu verzichten? Entschuldigung, aber in meiner Generation freuen sich Mädchen über Geschenke. Ich erwarte keinen Einkaräter, aber ein bisschen funkeln darf es schon. Und ich möchte ihm ja auch etwas Schönes schenken. Etwas, woran er sich sein Leben lang erinnern wird. Ich weiß nur noch nicht, was. Essen? Selbstverständlich. Und zwar klassisch. Eine Ente oder so. Geht auch besser in den Ofen als 'ne Gans. So viel Wissen hatte ich schon – ansonsten war ich eher ein Küchenküken. Kirche? Nö. Wir wollten ja die Zeit mit uns verbringen. Gäste? Auf gar keinen Fall. Vielleicht kämen wir ja den ganzen Tag gar nicht in unsere Klamotten. Aber nee. Anziehen wollten wir uns schon schön. Der Fernseher sollte natürlich aus bleiben. Dafür Musik.

Klassisch? Na ja, hm, doch, gehört zu einem erwachsenen Weihnachtsfest einfach dazu. Wir stellten erfreut fest, dass wir es beide schon traditionell wollten. Waren wir doch kleine Spießer? Vielleicht. Es sollte eben alles unglaublich erwachsen sein.

Ganz wichtig war uns, alles gemeinsam zu machen. So erledigten wir alle Besorgungen zu zweit und gingen selbstverständlich auch Hand in Hand auf Geschenkejagd. Wir trennten uns nur kurz, um die jeweiligen Überraschungen für den anderen zu kaufen. Und wir waren beide so aufgeregt. Ich rannte in die eine Richtung, er in die andere, wir gaben uns das Versprechen, uns auf keinen Fall umzudrehen und dem anderen nachzulaufen. In exakt zwei endlosen Stunden sollte es ein Wiedersehen an der U-Bahnstation geben. Ich wanderte ziellos durch die winterlichen Straßen und stellte erschrocken fest, dass ich keine Idee hatte, worüber sich mein frisch angetrauter Ehemann wohl freuen würde. Ich kannte ihn doch erst sechs Monate, und außer einer selbst gebrannten CD und einem Fotoalbum von einem Kurztrip nach Usedom hatte ich ihm noch nie etwas geschenkt. Ein paar Manschettenknöpfe? O Gott, das waren doch genau die Geschenke, die meine Mutter immer besorgte, wenn ihr mal gar nichts einfiel. Ein Schal? Selbst Kaschmir käme mir unglaublich langweilig vor. Da sah ich es: Paint your style! Aha, ein Geschäft, in dem man weiße Keramik selbst und vor allem bunt bemalen konnte. Das war's! Eine herrliche Idee! Individuell, und das Teil würde außerdem zu unserem gemeinsamen Hausstand beitragen. Ich suchte mir die schönste und größte Schüssel aus – könnte man für Obst, Salat oder Nudeln nehmen. Praktisch. Und die bemalte ich. Wie im Kunst Leistungskurs. Hatte ich bis vor ein paar Monaten ja noch. Ich malte Täubchen, eine Sonne, einen Kirchturm, eine Katze, ein paar fliegende Herzen und unsere Namen in schönen, leuchtenden Farben auf das jungfräuliche Geschirr. Vielleicht war's ein bisschen viel – aber es steckte ja auch viel Symbolik dahinter. So ein schönes Geschenk! Ich war mir ganz sicher, dass das der Megaburner war!

Ich strahlte vor Glück, als ich ihm endlich wieder um den Hals fallen konnte. Er versteckte eine große Tüte hinter seinem Rücken und schien mit seiner Beute gleichfalls sehr zufrieden zu sein.

Dann war er da, der große Tag. Gott sei Dank, sonst hätte ich ihm das Geschenk schon vorher gegeben. Ich hielt's kaum aus vor Vorfreude.

Morgens schmückten wir den Baum. Leider reichten die Kugeln nicht aus. Wir hatten einfach zu wenig gekauft. Wer soll denn auch wissen, dass zwanzig Kugeln, die ja scheiß viel Geld kosten, sich an einem zwei Meter hohen Baum einfach verlieren? Auch die Kerzen waren knapp. Also schmückten wir nur das vordere Drittel des Baumes. Na und, war halt individuell.

Weder seine noch meine Mutter konnten sich darüber aufregen oder amüsieren. Sie würden diesen Baum ja nicht zu Gesicht kriegen. Während ich mich nun in der Küche an die Arbeit machte (ich liebte es, erwachsene Frau zu spielen!), bereitete er das Wohnzimmer atmosphärisch vor. Das heißt, er entzündete dreißig Teelichter und deckte den Tisch mit dem bunten Steingutgeschirr, das meine Tante aussortiert hatte.

Ich schob die Ente in den Ofen. Weiß doch jeder Mensch, dass so ein Vieh nicht in die Pfanne passt. Was meinten die denn mit vorheizen? Und wieso sollte ich da Äpfel reinstopfen? Das sollte doch kein Obstsalat werden. Man muss ja nun auch nicht jede Tradition übernehmen. Alle drei Minuten riss ich den Backofen auf, um mal zu gucken, was sich da so tat. Mensch, ich hatte jetzt auch echt Hunger. Die Klöße aus der Packung warteten auch schon. Und der Rotkohl war nach zwei Minuten in der Mikrowelle fertig. Soße? Nö, so einen Luxus brauchten wir nicht.

Nach dreißig Minuten beendete ich das Projekt »Kochen für Anfänger«, fischte den Vogel aus dem Ofen und platzierte ihn auf einem Plastikteller.

»Die sieht aber komisch aus«, sagte mein Mann, während er die CD einlegte.

»Na, na, na ...« Noch hielt ich es für eine niedliche Neckerei.

Wir setzen uns an den Tisch, prosteten uns mit einem Glas Wein zu (die Flasche hatte er aus dem Weinkeller seines Vaters geklaut) und schauten uns verliebt in die Augen. Wir waren so unglaublich stolz. Nur für diese Sekunde hätte ich gerne seine bekloppte Mutter auf unserer Couch gehabt. Nur zum Gucken. Und dann – husch, husch – wieder weg! Die hätte doch nie wieder aufgehört zu heulen. So schön war es bei uns. Nie wieder würde ihr Sohn zurückwollen in Mamas Schoß! Mann, waren wir erwachsen.

»Liebling, erst essen und dann die Geschenke?«

»Na klar, so machen wir es, mein Herz.«

»Na dann, bitte!« Er sah mich kurzfristig so an, als würde er jetzt lieber mich vernaschen, als die Ente zu essen. Sein Blick änderte sich schlagartig, als er ins Tier biss. Während ich im Rotkohl stocherte, der – ich gebe es ungern zu – noch halb gefroren war, fragte ich schüchtern, ob's denn lecker wäre.

»Die ist roh! Sie blutet!«

»Wie, roh? Die war doch ewig im Ofen.«

»Die brauchste ja nur kurz anschubsen, und dann schwimmt die wieder ...«

Dieser Satz beleidigte mich zutiefst. Woher sollte ich denn wissen, dass so eine blöde tote Ente mehr brauchte als eine halbe Stunde? Ich war immerhin Anfängerin auf dem Gebiet.

»Komm, Engel. Wenigstens kann ich eine konsequente Linie entdecken – es ist alles roh oder nur halb durch. Oder meinst du, die Klöße müssen so matschig sein? Also bei meiner Mutter haben die immer anders geschmeckt!«

Oh, oh, oh ... Eine schwierige Bemerkung! Das Wort »Mutter« wollte ich an diesem Abend in so einem Zusammenhang auf gar keinen Fall hören. Ich beschloss, es einfach zu überhören.

Wäre ja noch schöner – das erste Weihnachtsfest und wir stritten uns wegen »Mutter«. Diesen Triumph konnte ich ihr nicht gönnen.

»Ach, Süße, wer muss schon essen, wenn er von Luft und Liebe leben kann? Lass uns später Sushi essen gehen, wenn wir durch den Schnee stapfen. Der Japaner an der Ecke hat doch auf heute. Hast du noch Geld?«

Ein bisschen unromantisch, die Frage. »Vielleicht zehn Euro. Ist ja fast Monatsende. Und ich habe ja alles in die Ente gestopft!«

»Hättest mal lieber einen Apfel reingestopft! War nur ein Witz, Schatz. Sei nicht sauer! Komm, wir packen unsere Geschenke aus. Klingelingeling, Bescheeeeerung!«

Der große Moment war gekommen. Ich holte mein riesiges, wunderhübsch verpacktes Geschenk aus dem Kleiderschrank und er überreichte mir feierlich seines.

»Ich bin so nervös, weil ich ganz sicher bin, dass es hundertprozentig zu dir passt!«

»Wer darf zuerst auspacken – du oder ich?«

»Wir machen's gleichzeitig, meine Süße! Auf drei«, sagte er, und ich riss die rote Schleife auf, suchte nervös nach einer Schere, um die Pappe aufzuschneiden und wühlte mich durch Berge von Seidenpapier, bis ich endlich zum Schatz vorgedrungen war. Was für ein außergewöhnlicher Moment. Das erste richtige Weihnachtsgeschenk für mich von meinem richtigen Mann. Ein letzter Atemzug, und ich zuppelte das letzte Stück Papier runter. Er strahlte mich erwartungsfroh an. Mein Blick wanderte zwischen seinen Augen und dem bunten Etwas in der Kiste nervös hin und her.

»Hol's raus!« Er war so glücklich. Ich nicht. Was ich sah, war schlimmer als jede Pferdedecke. Ich zog nacheinander einen drei Meter langen Schal, Stulpen, eine Pudelmütze, Handschuhe und ein Stirnband heraus – alles in kratziger Wolle in einem unfassbar geschmacklosen peruanischen Muster. So etwas Hässliches hatte ich noch nie gesehen. Er musste es armen Flötenspielern in der Fußgängerzone vom Leib gerissen haben. Freiwillig konnte man das nicht gekauft haben. War er so pleite? Wieso dachte er, mir würde so was gefallen oder gar stehen?

»Zieh es bitte an. Du wirst so süß aussehen damit!«

Ich hielt das Zeug immer noch sprachlos in jenen Händen, die eigentlich mit etwas Funkelndem hätten geschmückt werden sollen. Ich atmete und atmete wieder. Dann zog ich den Plunder tatsächlich an.

In der Zwischenzeit hatte er sein Paket aufgerissen, und ich hörte von ihm nichts. Gar nichts. Genauso wenig, wie er von mir.

Ich versuchte ehrlich, meine Tränen herunterzuschlucken. Aber als ich mich im Fenster mit all dem Zeug an mir spiegelte, brach es wie ein Staudamm aus mir heraus. Ich heulte wie eine Sirene und wollte mich einfach nicht mehr beruhigen. Wie konnte der Mann, den ich liebte und der behauptete, mich zu lieben, mir so etwas antun? Das war kein Geschenk, das war eine Strafe.

»Das ist hässlich, hässlich, hässlich!« Musste ich ihm die Wahrheit nun doch noch ins Gesicht brüllen?

»Ach, und das da ist hübsch, ja? Was ist das eigentlich? Eine Kloschüssel? Oder soll ich mir darin die Füße waschen?«

Spinnt der? Ich wurde wirklich, wirklich wütend!

»Kannst du dir vorstellen, was ich mir für eine Mühe gemacht habe?«

»Ja, aber Mühe allein genügt nicht. Ein bisschen Talent wäre auch nicht schlecht!«

Wo war sie hin – unsere Liebe? Ich nahm beleidigt die Schüssel. »Das, du Arsch, ist eine Obst-, Nudel- oder Salatschüssel!« Während ich vor Zorn und Schmerz, immer noch gekleidet wie eine peruanische Panflötenspielerin, vor mich hin brüllte, warf ich die Schüssel mit Schmackes Richtung Wand. Ich wollte ja Eindruck hinterlassen. Ich verfehlte die Wand allerdings, und das Keramikteil flog in den Baum, der daraufhin flugs auf unseren Tisch kippte, die Ente unter sich begrub und in einem Affenzahn die Servietten entzündete. So schnell konnte ich gar nicht gucken, wie mein Mann mich vom Tisch zerrte und einen Eimer hinterm Sofa hervorholte. »Wie bei Muttern«, dachte ich, während das Wasser auf den Baum und die Reste der Ente schwappte. Nein, sie fing nicht wieder an zu schwimmen. Mit meiner neuen Mütze und dem Schal, den er mir vom Körper gerissen hatte, löschte er die restlichen Funken.

»Jetzt sind wir quitt. Beide Geschenke im Arsch!«

»Ganz schön dick, die Nummer!«

»Okay, Baby. Unsere Ehe hat ja wohl gerade die erste Feuerprobe mit 'ner glatten Eins überstanden. Jetzt haun wir deine zehn Euro aufn Kopp und gehen Sushi essen.«

Während ich mich noch fragte, wieso der alte Spießer den Trick mit dem Wassereimer kannte, schlug ich ihm einen Deal vor. »Kein Wort zu deiner Mutter. Dafür male ich dir nie wieder Geschirr an!«

»Gut. Und kein Wort zu deinen Leuten, und deine Klamotten kaufst du dir in Zukunft selber. Ich beschränke mich dann auf Juwelen!«

Na, wenn das kein Happy End war! Und die Moral von

der Geschichte: Wir machen's im Grunde doch alle wie unsere Eltern. Von wegen individuell und immer neu erfunden. Und Weihnachten in Eigenregie muss man einfach üben.

Inzwischen haben wir's echt drauf, sind allerdings geschieden, dennoch beste Freunde und unsere Weihnachtsgeschichte ist – trotz des geschworenen Deals – der Lacher auf jeder Party.

8

Heike, neununddreißig

Wir schenken uns dieses Jahr aber nichts, oder?

Ich hatte eine wirklich gute Idee: Alles fing damit an, dass ich überlegte, was ich Daniel wohl dieses Jahr schenken könnte. Und für Mama hatte ich auch noch nichts. Mein Gott, und Onkel Dieter … Ging mir das alles auf die Nerven. Jedes Jahr der gleiche Mist. Erst sieht man sich Monate lang nicht, und unterm Weihnachtsbaum erwarten dann alle die passenden Gaben. Bloß nicht enttäuscht werden. Bloß den richtigen Geschmack der anderen treffen. Und bitte auch nicht selbst gebastelt oder zu billig. Ich hasse es. Das kostet Hunderte von Euro, und ich stürze mit einem fetten Minus ins neue Jahr. Im Durchschnitt gibt jeder Deutsche ungefähr zweihundertsiebenundvierzig Euro für Weihnachtsgeschenke aus.

Und wann, bitte schön, hat mich das letzte Mal wirklich jemand liebevoll und erfolgreich beschenkt? Ich fasse mal zusammen: Letztes Jahr hat Daniel mir ernsthaft und peinlicherweise einen Intimschmuck geschenkt. Mit passendem Foto eines weiblichen Models, das dieses Ding trug, um Neueinsteigerinnen wie mir zu demonstrieren, wie man so ein Teil richtig montiert. Ich war entsetzt. Und das Gesicht meiner Mutter werde ich nie vergessen, wobei das ein kurzfristiger Moment guter Laune war. Ich habe ihm diese merkwürdige – ich nenn's mal Spange um die Ohren gehauen. Das ist noch schlimmer als eine Küchenmaschine. Davon hat doch auch nur er was. Auf jeden Fall hat er sie nach Weihnachten freundlicherweise umgetauscht. Und weil er nichts anderes Passendes für mich in diesem Geschäft fand, hat er halt für sich selber eine Kette ausgesucht. Mein Weihnachtsgeschenk baumelt jetzt um seinen Hals. Und ich bin leer ausgegangen. Aber der Rollkragenpullover, den ich ihm geschenkt habe, hat er sehr wohl behalten. Passt auch gut zur Kette.

Das Jahr davor bekam ich von ihm ein Jahreslos der »Aktion Mensch«. Ich habe natürlich nichts gewonnen. Okay, wir haben Gutes getan. Aber ich bin wieder leer ausgegangen. Von den Jahren davor will ich gar nicht reden. Meine Mutter hat eine ähnlich gute Trefferquote. Unmodische Jacken, trutschige Untersetzer im Set für Pflanzen, Töpfe, Gläser. Meine Nichten und Neffen malen immer selber. Natürlich ist es politisch korrekt, sich über selbst gemalte Bilder zu freuen. Aber seien wir mal ehrlich – die Dinger sind so hässlich, dass man sie sich nicht mal in ein Album kleben, geschweige denn an die Wand hängen will. Meine Schwester hält ihre Kinder trotzdem für Genies. Natürlich. Sie muss dann auch immer weinen vor Stolz. Ich könnte ihr tausend andere Gründe für ihre Tränen nennen. Die Qualität dieser Werke zum Beispiel.

Sie sagt dann: »Guck dir das mal an. Okay, jede Mutter findet ihre Kinder toll, aber das ist doch wirklich außergewöhnlich, oder?«

Nein, dein Kind ist nicht außergewöhnlich. Blöde Kuh. Es hat die gleiche kreative »Begabung« wie alle anderen Dreijährigen auf Papier. Hach, es ist zum Verzweifeln.

Ich zerbreche mir Jahr für Jahr den Kopf, worüber sich meine Lieben freuen könnten, und kriege selbst jedes Mal unterm Tannenbaum das große Herzrasen, wenn ich nur eine Schleife sehe. Ich ahne dann schon, dass es eine Katastrophe wird und muss so tun, als wäre es doch der Brilli im Cocktailglas. Aber vielleicht muss ich mich auch nicht wundern, wenn ich schon bei einer Tchibo-Jacke ekstatische Höhenflüge vortäusche.

Also, ich würde in diesem Jahr die Devise ausgeben: Wir schenken uns nichts! Denn machen wir uns nichts vor: Daniel rennt nicht kurz vor 12 Uhr am Heiligen Abend los, um etwas zu besorgen. Ich habe den Eindruck, er hat noch nie über mich und meine Wünsche nachgedacht. Aber Männer können das vielleicht auch nicht. Es sei denn, ihr Konto sprengt alle normalen Dimensionen und sie sind Stammgast bei Tiffany und Co. Da würde mir per se jedes Geschenk gefallen.

Eigentlich konnte es nur eine einzige Lösung für dieses Dilemma geben – keine Geschenke! Nie mehr Erwartungen, nie mehr Enttäuschungen, nie mehr falsches Theater und schwachsinnige Sätze wie »Ach, ist das aber schön« oder »Ach, das habe ich mir schon lange gewünscht« oder »Ach, du bist ja verrückt!«

Wir würden es wie viele andere machen und uns dieses Jahr nichts schenken. Wirklich gar nichts. Es müssten nur alle Beteiligten darüber informiert sein. Wir würden Stress, Geld und Zeit sparen und könnten uns so auch mal wieder darauf besinnen, worum es eigentlich geht. Und nur weil die drei Heiligen Könige dem Jesuskind Gaben gebracht haben, musste das doch nicht mehr als 2010 Jahr danach noch für meine Familie gelten.

Ich meinte es wirklich so, wie ich es sage: BITTE KEINE GESCHENKE. Die Bestürzung meiner Mutter war groß. »Das kannst du doch nicht machen«, sagte sie. »Was ist denn mit den Kindern?«

Gut, die Kinder könnten wir beschenken, aber wir Erwachsenen müssen doch nicht auf Befehl Geld verbrennen und irgendwas kaufen, was am Ende sowieso kein Mensch braucht, oder? Wenn es nur darum geht, mir eine Freude zu machen, kann man mir ja auch im Sommer was schenken, wenn man etwas Schönes sieht. An dieser Stelle sei auf Tradition einfach mal gepfiffen, es gibt ja auch keine D-Mark mehr. Auf zu neuen Ufern. Wieso nicht mal was ganz anderes machen?

Es hat ein bisschen gedauert, bis alle diese Pille geschluckt haben. Begeistert war niemand – außer Daniel. Der fand's toll, nicht losrennen zu müssen. Am Ende waren auch alle pro forma irgendwie einverstanden mit meiner Idee, wenn auch nicht wirklich überzeugt. Ich wusste, dass ich die nächsten Jahre noch weiter daran arbeiten müsste, den Sinn und Hintergrund meines ausgerufenen Geschenkestopps als das einzig Wahre zu verkaufen.

Nur Oma hat nichts gerafft und erwies sich als komplett beratungsresistent. »Seit vierzig Jahren stricke ich euch Socken, geringelt, gestreift oder einfarbig. Du vermaledeist mir den ganzen Spaß an der Arbeit mit deiner bescheuerten Idee. Ich bring sie mit – ob du willst oder nicht. Wo soll ich denn hin mit der neuen Kollektion? Ich kann auch nicht sieben Paar auf einmal anziehen!«

Okay, da gab ich nach. Socken kann man immer gebrauchen. Vor allem die von Oma.

Die waren lustiger als jedes Paar, das ich meinem Vater geschenkt habe.

Und wie hat mein Plan nun funktioniert? Gar nicht! Außer mir hat sich niemand dran gehalten. Ach so, Daniel natürlich. Der war noch nie so glücklich. Der stand Heiligabend an der Austernbar vorm Adlon und hat sich in Stimmung getrunken. Er hatte ja auch 'ne halbe Stunde mehr Zeit als sonst. Meine Mutter brachte Biberbettwäsche mit Blümchenmuster mit. Angeblich hatte sie die noch so rumliegen, sogar eingepackt, und hätte sie einfach nur so aus Versehen mitgebracht. Meine Schwester schenkte mir einen Bilderrahmen mit Familienfotos und der pfiffigen Randbemerkung: »Ach du, die sind gerade neu gemacht worden. Und du sollst ja auf dem Laufenden sein mit deinen Nichten und Neffen. Sind die nicht süß? Ist kein wirkliches Geschenk, eher ein Mitbringsel. Du hast doch die ganze Arbeit heute!« Und dann kamen da noch ein paar Kleinigkeiten zusammen, die an diesem Abend alle nicht *Geschenk* hießen. Pralinen, eine Körperlotion, ein Parfüm.

Wollten die mich alle verarschen? Es war total beschämend. Alles Meckern hat nichts genutzt. Meine Mutter sagte nach drei Gläsern Wein noch: »Kind, ich kann dir doch nicht nichts schenken. Egal ob nun in D-Mark oder Euro.«

Wie peinlich. Man wird beschenkt und hat nichts für die anderen. Mehr noch, ich war stinksauer: Da redet man sich den Mund fusselig, versucht's mit wirklich guten Argumenten, und die lassen mich in dem Glauben, sie hätten halbwegs kapiert, um was es geht. Und dann bringen sie mich kollektiv in diese Situation! A: Keiner hat mich

ernst genommen, und B: Ich stehe wie die Herzlose da, die an niemanden gedacht hat. Dabei habe ich dieses Jahr umso mehr an alle gedacht.

Warum habe ich das überhaupt vorgeschlagen? Damit ich am Ende wieder nicht weiß, wohin mit all dem Krempel? Okay, die Biberbettwäsche behalte ich ganz einfach und verstaue darin all die überflüssigen und geschmacklosen Geschenke! Bis auf die selbst gemalten Kinderbilder. Irgendwie sehen die von Jahr zu Jahr besser aus. Vielleicht werden die ja doch noch irgendwann wertvoll.

9

Jule, neun

Jule ist sauer

»Jule, du bist bekloppt. Wenn du wieder nach deinen Geschenken suchst, hast du an Weihnachten keine Überraschung mehr. Wie kann man nur so bescheuert sein? Und du denkst immer, ich merke es nicht! Merke, mein Kind, Mütter merken alles. Und noch was: Wenn ich dich dieses Jahr erwische, fällt Weihnachten aus!«

Das meint Mama nicht so … Doch, das meint Mama ganz genau so, wie sie es sagt. Ich bin wirklich schlimm dran: Ich kann einfach nicht anders. Ich will wissen, was ich kriege. Jedes einzelne Geschenk. Ich platze vor Neugier. Und so streng war Mama noch nie. Wie soll ich das nur aushalten? Weihnachten ausfallen? Das würde ich niemals ertragen. Das ist fast so schlimm wie nicht zu wissen, welche Geschenke Mama versteckt hat. Okay. Ich versuch's. Ich gehe in mein Zimmer, stelle einen Stuhl in die Mitte und setze mich auf meine Hände. Das hat auch beim Knabbern geholfen. Ich darf nicht dran denken, dass jetzt in irgendwelchen Schränken oder in der Mikrowelle so super Sachen auf mich warten, die doch eigentlich schon mir gehören. Mama hat die doch für mich gekauft.

»Mama, komm mal!«

»Was ist denn?«

»Siehste ...«

»Was?«

»Ich bin artig. Ich mache nichts. Und das ist sehr anstrengend!«

»Ja, Schatz. Aber Weihnachten ist erst in einer Woche. Bis dahin bist du verhungert und verdurstet. Soll ich das Jugendamt für dich anrufen oder geht's noch?«

»Eigentlich geht's nicht.«

»Du schaffst das schon, mein Kind!«

Du schaffst das schon, du schaffst das schon. Ich bin so neugierig geboren.

Was habe ich schon alles erlebt: Vor zwei Jahren zum Beispiel, ja, da hat meine Mutter gedacht, sie wäre besonders schlau. Sie hatte sich extra eine Leiter vom Nachbarn geholt, um damit leicht auf den Schrank zu kommen. Also nicht sie selber. Ist doch logisch. Aber da musste sie ran, weil sie was vor mir verstecken wollte. Seitdem weiß ich, wie schwer Möbel sind. Als Mama nämlich die Leiter wieder zurückgebracht hatte, habe ich erst den Tisch vor den Schrank geschoben und dann noch einen Stuhl draufgestellt. Dann hab ich immer noch nichts sehen können. Ich hab aber ganz genau gewusst, dass es da oben spannend ist. Deshalb hab ich schnell einen Besen geholt, um das da oben nach vorne zu ziehen. Auweia, und dann ist es runtergefallen und hat ganz laut gescheppert. Plötzlich habe ich Mama wieder reinkommen gehört, und dann hab ich's ganz schnell wieder nach oben geschmissen. Was es war, hab ich leider nicht sehen können. War schon eingepackt. Ich hab's dann an Weihnachten genauso bekommen, wie es da auf dem Boden gelegen hat. Kaputt. Doof. Es war ein »Fang die Maus-Spiel«. Aber die Maus war mausetot. Mama hat dann geschimpft: »Jule!« Das hat ganz streng geklungen. »Das hast du jetzt davon!« Aha. Ich bin also doch erwischt worden. Und jetzt auch noch so hart bestraft. Wie gemein.

Meine Oma sagt immer, ich bin 'ne ganz Pfiffige. Ich kenne seit Jahren alle Verstecke. Nichts ist vor mir sicher. Ich kann es nie bis zu einem großen Tag abwarten. Weder Geburtstag noch Weihnachten. Ich muss einfach linsen. Ostern hab ich mal besonderes Glück gehabt. Da hab ich die ganzen Süßigkeiten auf einmal gefunden. Sie haben im Papierkorb in Mamas Büro gelegen. Ich habe alle aufgegessen. Auch die mit der Flüssigkeit. Die waren besonders lecker. Die leeren Packungen habe ich dann weggeworfen, in den Mülleimer auf der Straße. Da macht mir keiner was vor. Ich verwische alle Spuren. Mama hat sich totgesucht und dann totgeschimpft. Weil sie irgendwie rausgekriegt hat, was ich gemacht habe.

»Jule, da war Alkohol drin!«

»Ohooouuu, Mama, die waren lecker!«

Seitdem erzählt sich die Familie, dass Jule schon mit sieben Jahren im Vollrausch war.

Sogar vor der Einschulung hab ich den gesamten Inhalt meiner Schultüte gekannt, plus Puppe, die nicht mehr reinpasste. Die war fast so groß wie ich. Die Puppe hat im Kleiderschrank von Papa gestanden, zwischen den Anzügen. Ein blödes Versteck. Gar keine Herausforderung. Suchen ist fast so schön wie auspacken. Dass Mama das immer noch nicht kapiert hat.

Es ist immer das Gleiche: Wenn ich weiß, es gibt bald Geschenke, werde ich ganz doll unruhig und halte es in meinem Kinderzimmer gar nicht mehr aus. Ich mache mich sofort auf die Suche: im Badezimmerschrank, im Bettkasten, da, wo die schmutzige Wäsche ist, zwischen den Kleiderbügeln und hinter den Kleiderbügeln, in den Töpfen, im Herd und in der Mikrowelle und in Mamas alten Handtaschen. Hinter den Büchern im Regal oder in den Mützen, bei den Plastiktüten, Reisekoffern, da, wo der Staubsauger steht. Wirklich überall. Und ich habe immer alles gefunden.

Dann hat Mama angefangen, alle Geschenke zu verpacken, bevor sie sie versteckt hat. Ha! Stufe zwei war auch kinderpipileicht für mich zu lösen. Ich habe einfach die Klebestreifen abgepopelt und hinterher neue draufgeklebt. Oder die alten wieder draufgedrückt. Ich hab's immer schön gefunden. Aber Mama hat's gemerkt. Sagt sie. Glaub ich ihr aber nicht.

Ich sitze immer noch auf meinen Händen. Es macht überhaupt keinen Spaß. Und Hunger habe ich auch. Ui, gefährlich! Gut, wer Hunger hat, muss essen. Ich geh mal kurz in die Küche. Okay, ich muss ja am Schlafzimmer vorbei. Und Mama ist nicht da. Dafür steht die Schranktür ein kleines bisschen auf. Die muss doch zu sein, sonst zieht's in den Kleidern. Nö, nix drin.

»Jule, wo bist du?«

Mist, Mama. »Ich hab Hunger.«

»Seit wann ist denn der Joghurt im Kleiderschrank?«

Mann, Mann, Mann, Mann, Mann.

»Motz nicht. Denk einfach daran, was ich vorhin gesagt habe. Kein Weihnachten, keine Geschenke!«

»Ist ja guuuut!«

Ich esse mal meinen Joghurt. Boa, langweilig. Dabei könnte ich jetzt so schön Detektiv spielen. Ich geh noch mal in die Küche. Der leere Joghurtbecher muss ja schließlich weggeworfen werden. Pling!

»Warum macht denn die Mikrowelle so einen Krach?«

Sehr witzig, Mama. Sehr witzig! Ich gucke in ein gemaltes Papp-Smiley-Gesicht, das mir die Zunge rausstreckt.

»Hübsch, ne? Gefällt dir die Arschkarte? Ist für so neugierige kleine Mädchen wie dich.«

»Arsch sagt man nicht!«

»Man wirft aber auch keinen leeren Joghurtbecher in die Mikrowelle.«

Puh, das ist ein hartes Jahr. Sie hätte mir doch wenigstens einen Schokoweihnachtsmann irgendwie, irgendwo, so zufällig verstecken können. Da wird man ja echt wütend.

»Mama, ich bin echt sauer!«

»Auf dich oder auf die Welt?«

»Nee, auf dich! Du versaust mir alles.«

»Oh, doch Jugendamt?«

Das ist der Zeitpunkt, mal ordentlich Dampf abzulassen. Wmmmmm! Das war die Tür. Meine Schwester ist vierzehn, die macht das auch immer so! Nur dass die Tür dabei fast aus der Wand fällt. Wenn das so weitergeht, will *ich* gar kein Weihnachten mehr. Pfff. Kann sie meine Geschenke doch gleich in ein Kinderheim geben.

Mama kommt mit einem Eis in mein Zimmer. Gefällt mir gut.

»So, mein Muckelchen. Pass mal auf: Ich mache dir ein Angebot. Ich werde alle deine Weihnachtsgeschenke jetzt unverpackt auf den Wohnzimmertisch stellen. Die kannst du dir dann alle angucken. Du begibst dich nicht permanent in Lebensgefahr, und ich erspar mir Ärger und einpacken. Lutsch mal an deinem Eis und denk drüber nach. Du kannst dich frei entscheiden.«

Oh. Das ist ein Angebot, über das ich mal ernsthaft nachdenken muss. Gut. Ich sehe alles und weiß dann, was los ist. Und ich muss nicht mehr vor Neugierde platzen. Das Eis tropft. Ich denke zu viel. Wie ist Weihnachten, wenn ich wirklich nichts mehr auspacken kann? Mich auf gar nichts mehr zu freuen brauche? Nicht mehr darauf fiebern muss, ob meine Wunschliste ordnungsgemäß erfüllt wurde? Doof, doof, doof. Ja. Das wäre wirklich doof. Dann gäb's ja nur noch Omas Geschenk. Die ist nämlich schlauer, die versteckt alles im Keller. Und da will doch kein Kind rein. Ist doch viel zu gruselig. Und Omas Geschenke sind deshalb immer eine Überraschung. Und da bin ich auch ganz aufgeregt drüber. Das ist so schön, wenn Oma und ich um die Wette quietschen vor Freude. Mit Mama könnte ich dann nicht mehr quietschen. Dabei ist eigentlich das ja so schön. Und eine Überraschung ist etwas, worüber man überrascht ist. Und wenn ich jetzt vorher schon alles kenne, dann kann ich ja gar nicht mehr überrascht sein an Weihnachten. Meine Hände kleben.

»Mama!«

»Ja, Süße?«

»Kannst du die Geschenke nicht alle in den Keller stellen?«

»Würde es dir und deiner Neugierde helfen?«

»Wenn du sie direkt neben die Spinnen stellst, bestimmt.«

»Na dann mache ich das! Und du versprichst mir, dass du mit deinen klebrigen Händen nicht mehr in meinen Klamotten rumwühlst?«

»Und du versprichst mir, dass du alle Spinnen im Keller lässt, wenn du die Geschenke wieder hochholst?«

»Versprochen! Und jetzt bist du nicht mehr sauer?«

»Weiß noch nicht. Aber ein bisschen weniger sauer schon.«

»Na, dann sind wir doch auf dem richtigen Weg.«

Kim: Trotz vier Jahren Altersunterschied wurden meine Cousine und ich im gleichen Jahr Puppenmütter.

10

Vera, siebenunddreißig

Single Bells

Alleinstehende werden gerade an Weihnachten von Nicht-Alleinstehenden (auch wenn die wenigsten wirklich glücklich sind) immer so behandelt, als müssten sie sich die Pulsadern öffnen. Und weil alle Nicht-Alleinstehenden den Alleinstehenden das auch gewissenhaft suggerieren, sind die Alleinstehenden in der Tat gerne bereit, kurzfristig ernsthaft darüber nachzudenken.

»Hey, was machst du denn Weihnachten?« Wie sehr ich es hasse. Diese mitleidigen Blicke, als wäre ich ein Hund, den man mal an Heiligabend aus dem Tierheim holt. Zum Fest der Liebe kann der doch unmöglich allein am Knochen nagen. Die gucken dabei so mit großen Augen und schräg gestelltem Kopf. Und wenn meine Kollegen dann mit den Planungen anfangen, die Geschenkelisten diskutieren und laut abarbeiten, sich jetzt schon über die Pfunde aufregen, die sie sich in friedvoller Geselligkeit rund um die Tanne anfressen werden, kontrolliere ich schon mal vorsichtshalber meinen Vorrat an Rasierklingen. Sie wollen feiern mit Männern, Eltern, goldigen Kinderlein – von wem auch immer, liebevollen Omas und Opas, Tanten und Onkeln und der ganzen Bagage, die sich natürlich blendend versteht. Ich feiere mit mir und den unterschiedlichsten bunten Tabletten, die ich praktischerweise die letzten acht Monate gesammelt habe. Kurz nach Ostern habe ich damit angefangen.

Das tropft nur so von Harmonie bei denen und dem Erfinden kreativer Endszenarien bei mir. *Mein* Gast am Heiligen Abend: die Apokalypse! Und sie hat sich ganz alleine eingeladen.

Da ich somit also selber so eine Art »Gastgeberin« bin, kann ich unmöglich gut gemeinte Einladungen von Kollegen oder entfernten Verwandten annehmen. Wie soll sich der Schmerz in mir breitmachen, wenn ich gemütlich bei lustigen Leuten deutsches Weihnachtsliedgut schmettere?

Nein, ich mache es mir zu Hause gemütlich. Oder sollte ich sagen »wir«? Frau Apokalypse und Lady Lover-los. So richtig schön. Der Kühlschrank ist voll, das Fernsehprogramm viel versprechend, ich freue mich über all das Geld, das ich nicht ausgegeben habe, über einen Baum, der nicht meine Wohnung abfackelt, weil er bei den Nachbarn steht, und Plätzchen, die mich nicht fett machen, weil sie meine Kolleginnen verschlungen haben. Ist doch alles schön.

Was bedeutet Weihnachten schon? Ist es nicht im Grunde auch ein Abend wie jeder andere? Sie glauben gar nicht, wie anstrengend es ist, in der Vorweihnachtszeit allen klarzumachen, dass man wirklich nicht leidet. So alleine an Heiligabend. Und ich habe Erfahrung darin. Seit mein Freund mich vor drei Jahren verlassen hat, mache ich das immer so. Meine Mutter auch. Aber die selbst gewählt. Wie oft habe ich am Telefon gefragt und gebettelt, ob sie nicht zu mir kommen möchte. Wenn ich mich schon so scheiße fühle, wie fühlt sich denn da meine olle Mutter?

So lange habe genervt, bis sie mich tatsächlich anbrüllte: »ICH WILL NICHT! MANN KAPIER DOCH MAL! MEIN GANZES LEBEN BIN ICH FÜR EUCH GERANNT. JETZT WILL ICH NUR NOCH SITZEN UND PORTWEIN TRINKEN. UND BESTIMMT LÄUFT DER FLORIAN SILBEREISEN HEUTE!«

Aha. Na ja. Okay, wozu habe ich dann ein schlechtes Gewissen? Trotzdem – die Mutti so allein? Ich hatte ihr sogar vorgeschlagen, mich gemeinsam mit Herrn Silbereisen in ihr Wohnzimmer zu setzen. Den Gedanken fand sie noch schlimmer: »Dich bekochen? Welchen Teil meiner Ansage von eben hast du nicht verstanden.«

Gut. War ein Versuch. Dann freue ich mich jetzt eben auf mein Weihnachten allein. Man muss es ja nur praktisch sehen: Es ist wirklich perfekt, frei und ohne Zwänge entscheiden zu können, wie ich diesen Abend gestalte. Der pure Luxus ist das. Ich bin frei wie ein Vögelchen. Muss nur aufpassen, dass ich vor lauter Freiheit nicht von der Stange falle.

Um 17 Uhr gehe ich in die Küche. Da ist wahrscheinlich gerade Bescherung bei den Leuten gegenüber. Sieht jedenfalls so aus, wenn ich da ins Fenster gucke. Im Hausflur stinkt's nach gebratener Gans. Wissen die Leute eigentlich, wie fett so ein Vieh macht? Hoffentlich haben die viel Alkohol und Tabletten gegen Sodbrennen im Haus. Ich koche mir jetzt ein paar Nudeln und mache eine Flasche Wein auf.

So. Und jetzt die Glotze an. Das »Wunder von Manhattan« läuft. Na super. Habe ich den als Kind nicht schon dreißigmal gesehen? Auf RTL läuft so 'ne Liebeskacke mit Jennifer Lopez. In allen anderen Programmen warten gerade irgendwelche Menschen mit leuchtenden Augen aufs Christkind oder finden sich im Schneegestöber wieder oder liegen sich knutschend in den Armen. Wer hat eigentlich das Gerücht in die Welt gesetzt, an Weihnachten läuft ein gutes Fernsehprogramm? Ich zappe durch alle neunundvierzig Kanäle – nicht mal ein blöder James-Bond-Streifen irgendwo. Ein Krimi würde mich jetzt wirklich mehr interessieren. Wo ist eigentlich Florian Silbereisen? Der hat doch 'ne Verabredung mit meiner Mutter. Nicht dass die jetzt doch ein bisschen weinerlich wird. Nein, ich rufe nicht an! Oh, nein.

Bitte nicht. Nicht dieser Glow! Warum müssen alle Weihnachtsfamilien in der Fernsehwerbung falten- und kummerfrei mit dem besonderen Glanz vor sich hin leuchten? Ich kann kaum hingucken. An Weihnachten verzichten die sogar auf die Werbung mit dem Treppenlift. Und der Tampon-Spot verschwindet auch vom Bildschirm. Als ob man an Weihnachten nicht blutet. Jesus hat doch auch geblutet. Ich spüre den Wunsch, den Backofen zu öffnen. Nur mal so. Probeliegen. Ich schweife ab. Okay, der Wein ist lecker. Huh, ich komme in Stimmung. Die Nudeln schmecken nicht. Macht nichts. Oops, wieso ist denn die Flasche schon leer? Ich hab doch noch irgendwo eine? Was ist denn das für ein edler Tropfen? Der ist ganz gut. Ach, stimmt. Den hat mein Ex hiergelassen. Karsten, der Arsch, der jetzt mit einer ehemals allein erziehenden Mutter und deren drei kreischenden Blagen unter einer Plastiktanne auf Gran Canaria sitzt. Dabei wollte der nie Kinder. Und er liebt doch eigentlich den Schnee. Unser Weihnachten in der Hütte in den Bergen … Eine beschissene Idee, darüber ausgerechnet jetzt nachzudenken. Weg. Weg. Weg.

Okay, ich brauche definitiv frische Luft. Und Frau Apokalypse lasse ich auf dem Sofa. Hier ist für mich auch kein Platz mehr – so breit wie die sich macht. Ach du Scheiße, jetzt fängt es auch noch an zu schneien. Romantisch wie in einer Schneekugel. Und statistisch betrachtet ist es fast ausgeschlossen, dass es in Berlin zu Weihnachten schneit. Das letzte Mal ist mindestens im letzten Jahrhundert gewesen. Ist doch auch doof, kann man sich die Haxen brechen. Kein Mensch auf der Straße. Es ist total leer. Wäre eine gute Zeit für einen Bankraub. Prima, acht Uhr abends, und ich bin voll wie ein Eimer. Na und! Esss isss Weihnachten, und ich bin nicht dabei! Huppala. B-o-r-d-s-t-e-i-n-k-a-n-t-e! Zzzurückbleibenbitte! Wieso ist denn kein Mensch hier? Guck mal, da. Ein Licht! Wie in Bethlehem. Ein kleiner Stall mit einem Baby. Da muss ich mal hingehen. Die brauchen mich doch jetzt. Nee, kein Baby. Wieso steht denn auf dem Stall »Wurst-Maxe«? Ich bin heute echt ein bisschen gaga.

»Na, Fräulein, wat kann ick denn für Sie tun? 'ne schöne Curry? Mit oder ohne Darm?«

Wiiiesooo arbeitet der Mann an so einem Tag? Ist der Türke und feiert heute gar nicht? Gibt's überhaupt blonde Türken mit Minipli?

Och, isss er auch alleine?

»Sind Sie auch alleine?«

»Oh, oh, ick darf mal eine Diagnose wagen, meine Liebe: Sie stecken ziemlich tief in einer Weihnachtsdepression!«

Ich hasse ihn. Kurz: Was bildet der sich ein? Von so viel gequirltem Schwachsinn werde ich ja schlagartig wieder nüchtern.

»Ist nicht so gemütlich alleine zu Hause, oder?«

Wer hat den denn gefragt? O nein, jetzt heule ich auch noch.

»Nun heul man nich, meine Kleene. Hier is janz schön. Wirste noch sehen. Gleich kommen noch ein paar lustige Leute vorbei. Und dann wird Kalle mit der Curry, ditt bin ick, anjenehm, mal janz schnell für jute Laune sorgen. Ditt mache ick nämlich schon seit Jahren. Na klar, Weihnachten alleene ist ja janz schön, aber in Gesellschaft is et schöner alleine. Wenn du verstehst, watt ick meine?«

Nicht so richtig. Aber ich lasse mich trotzdem auf dieses fettige Frittenbudenabenteuer ein. Mmm, die Curry ist aber lecker. Wann habe ich denn das letzte Mal eine Currywurst gegessen? Ungesundes Zeug. Aber besser als Weihnachtsgans mit Rotkohl. Oh, ich nehme noch ein paar Pommes mit Majo und Ketchup. Gibt's eigentlich Wein an so einer Bude?

Da kommt noch so ein Mensch.

»Ho, ho, ho, frohes Fest, Kalle! Ist das kalt heute. Jetzt schneit's noch. Wie schön! Da wird ja meine Laune noch besser!«

Wieso hat der gute Laune? Noch so ein Spaßvogel.

»Gnädige Frau, ein Gläschen Champagner?«

Okay, saufen wir uns den Abend mal schön.

»Stell mal noch zwei Flaschen kalt, Kalle. Gleich kommen noch Jutta und Torben.«

Torben klingt eher nach Holzspielzeug.

»Die wollen auch noch mit uns feiern. Ich heiße übrigens Frank. Und Sie, meine Liebe?«

Ich heiße Vera und mache es mir gerade sehr gemütlich – zu Hause. Ich schmeiße die Tabletten über Bord, packe die Rasierklingen wieder in den Schrank und schließe den Backofen. Ach ja, und Frau Apokalypse kriegt den Arschtritt!, denke ich und beschließe, *ja* zum Champagner zu sagen. Gegen 23 Uhr sind meine Füße Eisklötze, mein Interesse an einem gewissen Frank wächst, und der Kudamm wird langsam voller. Die Autos schleichen über den frisch gefallen Schnee, und alle sind schön friedlich und beseelt. Kein Hupen, kein Drängeln. Bei Kalle landen immer mehr offensichtlich hungrige Mitmenschen.

Kalle grinst mich an. »Bei manchen bleibt die Küche halt kalt, auch an solchen Tagen. Deshalb kommen sie hierher. Aber auch, um einfach Spaß zu haben und zu feiern. Wer hat denn eigentlich bestimmt, was man Heiligabend machen soll? So, willste noch 'ne Curry? Die schenk ich dir!«

Das werde ich allen erzählen. Wer sagt denn eigentlich, wie man Weihnachten feiern soll? Ich bin bei Kalle mit der Curry und rundherum satt und zufrieden. Ist eigentlich ziemlich gemütlich hier, vor allem seit der Frank seinen Arm um mich gelegt hat.

Mein Handy klingelt. Wer ruft denn jetzt an? Ich muss Frank mal kurz ablegen. Gina, meine Freundin, heult ins Telefon. Ihr Mann liegt vollgefressen auf der Couch neben ihr und ist schon um halb neun eingeschlafen. Und ihre Kinder haben sich aus dem Staub gemacht, um mit den Kumpels eine X-Mas-zum-Glück-bin-ich-die-Alten-los-Party zu feiern. Etwas unzufrieden sei sie jetzt. Aber sie wolle ja nicht klagen, immerhin habe sie ja eine Familie. Oops, da sind sie wieder, die Nicht- Alleinstehenden, die den Alleinstehenden suggerieren: Du bist eine ganz arme und einsame Sau!

Mit Sicherheit nicht. Ich sitze in meiner eigenen kleinen Schneekugel mit einem großen Schild dran: Apokalypsen müssen draußen warten. Und mit Sicherheit pennt der Kerl neben mir heute nicht auf der Couch ein. Fröhliche Weihnachten allen Nicht-Alleinstehenden. Arme Schweine!

11

Yvonne, neunundvierzig

Ihr könnt mich mal!

Ach Gott, Weihnachten? Hörn Sie mir bloß auf! Ein echtes Minenfeld. Ein falscher Schritt und die Sache geht hoch wie ein Blindgänger hier in der Fußgängerzone. Ein falsches Wort, ein falscher Blick und aus ist's mit Harmonie und Trallala. Hier, fragen Sie doch mal all die Menschen um uns herum. Glauben Sie, die gehen alle mit kindlicher Vorfreude und Riesenspaß an die Sache? Meinen Sie, die dahinten schleppt die siebzehn Tüten gerne durch die Gegend?

Es reicht ja schon eine Schwiegermutter, um das ganze Fest zu verderben. Auch ein schlecht gelauntes Kind bringt viel Freude. Oder ein angebrannter Braten. Und rechnen Sie mal nicht mit der Solidarität Ihres Mannes. Der Mann als solcher hat doch ein eher entspanntes Verhältnis zu den Weihnachtstagen – der ist einfach nur froh, wenn seine Frau endlich wieder rundläuft nach all dem Stress der letzten Wochen. Und stellt gelegentlich laut fest, dass sie extrem unentspannt, für seine Verhältnisse beinahe überspannt sei und doch bitte nicht immer alles so persönlich nehmen solle. Für Männer bedeutet Weihnachten nicht mehr als ein paar freie Tage, viel essen und trinken und die Hoffnung, dass der Zauber möglichst schnell wieder vorbei ist. Na gut – und 'ne unentspannte Alte zu Hause.

Also, vor zwei Jahren bin ich direkt an Heiligabend ausgezogen. Wirklich. Ich hatte die Schnauze voll. Total voll. Ich saß da und dachte: Im Grunde spinnen die doch alle! Haben die denn 'ne Macke? Was die immer wieder für ein Programm von mir erwarten. Bin ich Animateurin im Robinson Club, oder was? Jahr für Jahr war ich die Regisseurin eines Abends, der mir weder Spaß machte noch gehörte. Wie eine Strategin bin ich an dieses Fest gegangen.

Wichtigster Punkt bei einer Großfamilie wie bei der unseren: Wer kann gerade mit wem und wer mit wem nicht? Ja, Sie lachen, aber das ist ganz entscheidend für die Sitzordnung. Glauben Sie denn, das läuft von allein? Da ist einer eifersüchtig auf den anderen, die Kinder sind sich nicht grün, da wird's an der Kommunikation scheitern. Wenn die Tischordnung allen selbst überlassen wird, haben Sie das Minenfeld höchst persönlich freigegeben. Wer sich in diesem Fall zu spät an den Tisch setzt, sitzt garantiert nicht so, wie er will. Entweder muss er in die Kinderecke oder Tante Hedwig das Essen in den von Parkinson geschüttelten Mund schieben. Wenn's ihn ganz hart trifft, muss er neben Tante Biggi sitzen. Meiner Schwester. Die ist von Beruf Opfer. Das Leben ist schlecht zu ihr, alles ist ungerecht, und sie weiß es sowieso besser. Nicht schlimm, wenn sie nicht pausenlos darüber reden würde.

Seitdem ich die Sitzordnung fest im Griff habe, sitzt Opfer Biggi neben Zitter-Hedwig und ist beschäftigt.

Dann hat sie wenigstens einen Grund zu meckern. So einfach kann man Menschen glücklich machen. Der nächste Punkt sind die Geschenke: Nicht nur, dass die Kinder genau abzählen, wer wie viel kriegt. Meine Mutter hat's da auch nicht leicht. Mich zu beschenken fiel ihr noch nie schwer. Aber Biggi ist eine echte Seuche. Sie ist eifersüchtig, wenn ich etwas anderes bekomme als sie, weil es aus ihrer Sicht immer besser oder teurer ist. Selbst wenn es das Gleiche ist. Diesen Trick wendet meine Mutter nämlich seit Jahren an. Sie schenkt uns zum Beispiel zwei identische Tücher, nur in unterschiedlichen Farben. Biggi darf dann natürlich zuerst aussuchen. Weil Biggi aber nun von Beruf Opfer ist, findet sie mein Geschenk immer ungerechterweise schöner. So kommt es vor, dass wir am Abend dreimal tauschen. Bescheuert. Dabei habe ich echt was anderes zu tun. Verstehen Sie, ich rede hier von erwachsenen Frauen!

Und meinen Sie, ich spüre nicht, dass ich bei all dem ganz genau beobachtet werde? Meiner zickigen Schwiegermutter konnte ich es noch nie recht machen. Und Weihnachten dreht die total am Rad. Da liefert sie sich auch mit meiner sehr friedfertigen Mutter beinahe ein Duell. Höher, schneller, weiter. Die Frage, ob ich als Hausfrau was tauge oder ihr Sohn doch besser zurück zu Mama sollte, bewirkt bei meiner Mutter immer wieder Vergiftungspläne. Wie bei einem Kochduell wird mein Essen bewertet – Gang für Gang. Passt die Suppe zum Hauptgericht? Gab's letztes Jahr schon Rotkohl? Wie langweilig. Habe ich auch an cholesterinreduzierte Entenstopfleber gedacht? Sind die Preiselbeeren selbst gekocht? Igitt, so was hat doch ihr Sohn noch nie gegessen! Schön sind die Momente, wenn sie ihrem *Prinzen* zuzwinkert und dann noch sagt: »Kommst mal wieder zu Mama, ne?« Was meine Schwiegermutter eigentlich mit dem an ihn gerichteten Satz mir sagen will, ist klar: »Deine Frau ist eine Pfeife.« Das muss ich mir sagen lassen? Ich, die ich wirklich die Wünsche aller berücksichtige.

Verstehen Sie mich nicht falsch, ich habe das wirklich gerne gemacht. Jährchen für Jährchen. Bis eines Tages die Rechnung nicht mehr aufging, bis ich feststellen musste: Das Programm läuft hier einseitig.

Ich bin die Einzige, die rennt. Täte ich es nicht, gäb's gar kein Weihnachten. Also, im Kalender schon, aber mitnichten so wie meine anspruchsvolle Familie das gerne sieht. Auf höchstem Niveau. Man gönnt sich ja sonst nichts. Mich würde ja mal interessieren, was wohl los wäre, wenn ich einfach nur stehen bliebe. Oder, besser noch, sitzen. Sitzen und nicht mehr aufstehen. Nix tun. So nach fünf Minuten müsste es doch auffallen, wenn die Klöße noch in der Küche stünden. Oder die nächste Weinflasche sich nicht von alleine öffnete. Oder Tante Hedwig aufs Klo muss. Oder der Hund Gassi. Oder die CD hängt. Mal abgesehen von dem Vorprogramm, das ich schon geleistet habe. Aber das kennen Sie ja vielleicht. Wer bleibt von uns schon wirklich sitzen? Alles, was ich dafür will, ist, dass meine geschätzte Brut, meine zwangsangeheiratete Schwiegermutter und auch mein Mann mal sehen, was ich leiste. Ein Danke wäre auch schön. Zur Geburt habe ich noch einen Ring bekommen. Das ist ähnliche Schwerstarbeit wie ein Weihnachtsfest mit dieser Familie. Und was ist jetzt? Nichts. Und nachdem ich dann endlich alle weit nach Mitternacht aus meinem Haus rauskomplimentiert habe, sitze ich mit dem nächsten Stress alleine da. Abwaschen, aufräumen, wegpacken. Denn morgen zum Frühstück wollen ja alle wieder ein sauberes Wohnzimmer. Falls meine entzückende Tochter dazu überhaupt erscheint – schließlich muss sie ihren Diskogang bis mittags um halb eins ausschlafen. Ich kann ja schon auf Knien danken, dass sie es bis zur Bescherung bei uns ausgehalten hat. Mein fauler Sohn schläft mit viel Glück nicht schon beim Dessert am Tisch ein. Gott, waren die niedlich. Früher. Als sie mir mit leuchtenden Augen und zuckerverklebten Schnuten beinahe minütlich ihre Dankbarkeit auf meine Wangen drückten. Und mein Mann? Der möchte weder von Geschirrspülern, Staubsaugern oder sonstigen elektrischen Haushaltsgeräten belästigt werden – ist ja schließlich Weihnachten. Einzige Ausnahme ist die Espressomaschine – dieses Geräusch empfindet er als niedliches Schnurren, vor allem, wenn ich sie bediene.

Wie hätten's denn die Herrschaften gerne? Gibt es irgendwo einen Zauberspruch, der dafür sorgt, dass nach einem »Blink« die Bude wieder aussieht wie aus *Schöner Wohnen?* Na ja, wozu braucht man einen Zauberer, wenn man eine Mutter hat.

Trotzdem, Freunde. Einmal lief das Fass wirklich über. Ich bin's ja gewohnt, dass meine Schwiegermutter immer die falschen Sätze sagt. Aber vor zwei Jahren war's einer zu viel. Sie verstehen – ich stand stundenlang in der Küche, um nach einem angeblichen Lieblingsrezept meiner Schwiegermutter eine Suppe zu kochen. Ich glaube, ich habe gefühlte dreißig Stunden gerührt. Dann serviere ich diese Suppe, die wirklich köstlich war. Der Teufel nimmt den ersten Löffel, verzieht angewidert das Gesicht und sagt in meines: »Bäh. Wie schmeckt die denn? Das kann ich besser.«

Und mein Mann? Leckt sich die Lippen und stimmt seiner Mutter zu! Dieser feige Waschlappen.

Das war der Moment, an dem ich seelenruhig die Serviette von meinem Schoß nahm, mich mit beiden Händen auf die Weihnachtstafel stützte, langsam aufstand und mit folgendem Satz in die Runde lächelte: »Dann macht's doch alle besser!«

Dann bin ich gegangen. Im teuersten Wellnesshotel der Stadt habe ich mich eingemietet. Ich brauchte auch nichts – die haben da alles. Eine Woche habe ich meine Familie bluten lassen. Die Kinder mussten sich selbst versorgen, und mein Mann hatte nicht nur die Familie am Hals, sondern durfte noch lange daran denken, weil es wirklich ein sehr teures Wellnesshotel war. Erst nach einer Woche habe ich mein Handy wieder angemacht. Falten- und stressfrei war ich für ein Gespräch bereit. Diese Versprechen, dieses Betteln und Flehen, all die Anrufe auf meiner Mailbox habe ich gespeichert. Das war noch viel mehr Wellness als jede Schlammpackung! Irgendwas scheint meine Familie verstanden zu haben. Mit einem neuen Ring am Finger und sehr anhänglichen Kindern, dem Versprechen, mir meine Schwiegermutter vom Hals zu halten oder wenigstens zu mir zu stehen, wenn sie wieder zickt, bin ich zu Hause wieder eingezogen.

Und immer wenn's mal eng wird, zücke ich nur die Visitenkarte dieses Hotels. Dann laufen alle wieder in der Spur. Och, eigentlich ist Weihnachten doch wunderbar.

So, mein Herr. War nett mit Ihnen zu plaudern. Aber ich muss jetzt nach Hause. Mein Mann wartet mit dem Essen. Fröhliche Weihnachten!

12

Kathrin, zweiunddreißig

Wer soll das bezahlen?

Boa, ist Weihnachten teuer. Jetzt mal ganz im Ernst: Wer verdient denn an der ganzen Nummer? Glühweinproduzenten? Wann sind Sie das letzte Mal mit Ihren Kindern übern Weihnachtsmarkt gelaufen? Da ist es mit einer kandierten Weintraube auch nicht getan. Von wegen Fest der Liebe. Wer kein Geld hat, darf nicht mitlieben. Selbst gebastelt? Pfff, damit löse ich den dritten Weltkrieg bei mir im Wohnzimmer aus. Nur eins? Hahaha, lange nicht mehr so gelacht. Secondhand? Da gehen die lieber nackig.

Früher hatte ich mal Geld. Da erschien mir Weihnachten auch schon immer als ein obszöner Angriff auf mein Konto.

Wer kein Geld hat, sollte sich vielleicht nicht drei Kinder anschaffen. Ist es das, was Sie jetzt denken? Dann sage ich Ihnen: Sie sind alle Kinder der Liebe! Womit wir wieder beim Thema sind. Klar möchte ich meine Kinder beschenken. Reich! Am liebsten so reich, dass ich sie am Ende der Straße schon glitzern und funkeln sehe – vor lauter Glück und Strass auf der Jeans. Aber es geht nicht. Ohne Moos nichts los. Keine Arme, keine Kekse. Greif mal einer nackten Frau in die Taschen … und so weiter. Das Gute daran ist, dass ich jetzt das lerne, was ich in der Schule nie gelernt habe: rechnen. Aber, ich kann noch so gut rechnen, für ein Ed-Hardy-T-Shirt und ein iPhone reicht's einfach nicht.

Nun gut – hier sind Ideen gefragt. Ich könnte auch die Hände in den Schoß legen und sagen: Kinder, is' nicht! Liebt euch, lest Geschichten, seid tapfer und helft den Nachbarn beim Tütenschleppen. So fällt vielleicht mal ein Groschen ab. Und wenn ihr hundertzweiundzwanzig Jahre spart, reicht's vielleicht für ein Handy. Aber so bin ich nicht. Ich habe nämlich eine Möglichkeit gefunden, Geschenke legal zu organisieren, fast ohne Geld.

Ich sitze dabei in meiner Küche, trinke Kaffee und telefoniere. Nein, kein Telefonsex. Das habe ich mal versucht, ist aber nicht mein Ding. Ich höre Radio. Zu Weihnachten überschlagen sich die Sender nämlich mit Gewinnspielen. Wir haben ungefähr dreißig Radiosender in Berlin – grob geschätzt. Und die hauen im Advent die unglaublichsten Dinge raus. Handys, iPods, Reisen, Gutscheine, Bargeld, Eintrittskarten fürs Kino oder für Musicals. Wirklich faszinierend. Früher habe ich geglaubt, man habe da ja sowieso nie Chancen. Das glaube ich jetzt nicht mehr. Im Gegenteil. Inzwischen weiß ich, dass man riesige Gewinnchancen hat. Manchmal denke ich, kein Mensch macht da mit außer mir. Ganz so wird's nicht sein. Aber zurzeit ist das für mich eine echte Marktlücke. Inzwischen bin ich fast schon eine professionelle Spielerin. In Las Vegas hätte ich wahrscheinlich schon Kasino-Verbot. Ich kenne alle Zeiten, wann und wo die Gewinnspiele laufen. Ich kann die meisten Fragen beantworten, da ich ja permanent Radio höre, und ich bin so fit, dass ich alle Telefonnummern eingespeichert habe. Ich weiß also genau, wann ich wo anrufen muss, um zum Beispiel *Leitung drei* zu erwischen. Das halte ich sowieso für eine Lüge. Die drücken einfach auf einen Knopf, und die Leitung ist ihnen egal. Ich habe nur einen einzigen Feind: die schwarze Liste. Wenn ich nämlich zu oft unter meinem Namen irgendwo anrufe, stellen die mich nicht mehr ins Studio durch, und ich kann nichts gewinnen. Also ändere ich meinen Namen – nehme mal den meiner Mutter, mal meinen Mädchennamen, dann meinen Ehenamen. Ja, ich war einmal verheiratet, und eines meiner Mädchen heißt so wie sein Vater. Da kann ich den Namen also getrost benutzen – der Briefträger kennt ihn.

Die Zeiten sind immer gleich. Meistens um zwanzig Minuten vor voll. Die erste Hürde beginnt für mich jeden Morgen um 6 Uhr 40. Da bin ich schon seit zwanzig Minuten wach – die Kinder wecke ich erst um sieben. Dann höre ich die Frequenzen durch, wo gerade was los ist. Das ist wie ein richtiger Beruf, nur dass ich nicht ins Büro gehe, sondern – wie gesagt – in meiner Küche hocke. Ich mache das so lange, bis ich meine Weihnachtsgeschenke zusammenhabe. In diesem Jahr ist die Ausbeute noch lukrativer als gewöhnlich. Wir kriegen Heiligabend eine Gans geliefert, die ein Chefkoch persönlich zubereitet hat. Plus Klöße, Rotkohl, Grünkohl, Sauce und Nachtisch: eine Eisbombe! Das können sich ja kaum die reichen Leute leisten. Dann gehen wir am ersten Feiertag ins Kindertheater. Mein Name steht da auf der Gästeliste. Cool, oder? Bis dahin werden ein Laptop, ein Spielzeugauto und eine Jahreskarte für den Zoo geliefert. Dann haben wir noch eine Familienkarte für ein Spaßbad, eine Jahreskarte für die Bahn, eine Tüte mit Kosmetikartikeln, zwei Zeitungsabos – die werde ich meiner Mutter schenken. Wenn ich so weitermache, bekommen alle anderen auch noch was ab.

Part zwei meines Aufgabengebietes erfordert psychologisches Fingerspitzengefühl: Ich muss nämlich meine Kinder so konditionieren, dass sie sich genau das wünschen, was ich bereits gewonnen habe. Meistens klappt das auch ganz gut. Die Kleine ist am leichtesten zu beeinflussen. Noch. Meine Große hat schon sehr spezielle Vorstellungen. Und die teilt sie mit allen ihren Freundinnen. Letztes Jahr mussten es unbedingt ein paar Chucks in Lila sein. Diese Turnschuhe, die jeden Orthopäden zum Großverdiener machen und in denen die Füße stinken wie drei Jahre alter Harzer hinter der Heizung. Wie, zum Teufel, kommt man im Winter an ein paar Sommerlatschen? Die Lösung gab's dann frei Haus – ein Einkaufsgutschein bei Karstadt, gesponsert von diesem Schlagersender. Das war die größte Herausforderung. Stundenlang Schlager hören, nicht einschlafen und dann noch gewinnen. Hat aber geklappt. Punktlandung. Ich bin eben gut.

Natürlich sind das alles keine Hauptgewinne. Aber es reicht, um das Weihnachtsfest und wahrscheinlich auch noch die Geburtstage der Kinder ohne unnötigen Finanzstress zu überstehen. Letztes Jahr habe ich sogar eine Reise nach Paris gewonnen. Mit der ganzen Familie. Das war wirklich toll. Wir waren auch schon auf Popkonzerten. Ein bisschen blöd ist immer, dass ich nicht genau weiß, was ich dann anziehen soll. Ich mache bei jedem Quiz und jedem Rätsel mit. Was ich selber nicht gebrauchen kann, verkloppe ich auf Ebay. Inzwischen sehe ich das auch nicht mehr nur als Spaß. Es ist so was wie mein Job geworden. Nur dass ich so eine Art Kitchen-Office habe – okay, ohne Sekretärin und Empfangsdame, dafür aber mit steigendem Umsatz. Denn wenn ich alles zusammenrechne, komme ich schon auf mehrere tausend Euro. Steuerfrei! Das muss man erst mal verdienen, sage ich Ihnen. Also – ich mache weiter und warte auf den Hauptgewinn.

Übrigens, hatte ich schon erwähnt, dass ich wieder schwanger bin? Ach, er war so süß und ich so verliebt. Leider war er weg, bevor ich ihm das erzählen konnte. Aber ich mache mir gar keine Sorgen. Inzwischen kann ich mir das mit meinen Kindern ja irgendwie leisten, oder? Und Weihnachten ist ja das Fest der Liebe und der Babys. Der kleine Jesus lag da auch im Stroh und hat Geschenke bekommen. Doch ich bin den Leuten vom Radio sehr dankbar. Mein Leben ist dadurch viel schöner. Es ist ja nicht mehr so langweilig. Und ich wünsche mir zu Weihnachten nur eins – dass es noch mehr Sender geben wird. Dann haben die noch mehr Konkurrenzkampf und versuchen, mit noch mehr Gewinnspielen ihre Hörer zu halten. So was nenne ich einen krisensicheren Job! Sie entschuldigen – ich muss wieder. Jetzt beginnen die Gewinnspiele am Nachmittag, und mir fehlt noch ein Geschenk für meine Freundin. Danach lade ich meine Familie auf den Weihnachtsmarkt ein. Ich kann's mir ja leisten.

Von Kaufmannsläden und Rund-SMSen

Es war nicht alles schlecht, früher …

1. Weihnachtspost

Damals: Spätestens im Oktober klingelte es wieder mal an der Haustür. Beflissene, ehrenamtliche Helfer einer Behinderten- oder Blindenwerkstatt kamen und boten ein reichhaltiges Sortiment an selbst gebastelten Weihnachtspostkarten an. Inklusive Briefumschläge für zwei Mark das Stück. Nicht ganz billig, aber damit war die Weihnachtspost gerettet. Zumindest im ersten Schritt. Dann mussten die Dinger noch mit lieben Grüßen und Briefmarken versehen werden. Der Exfreund, der ruhig sehen sollte, dass es einem wieder richtig gut ging, die Erbtante, die einen auf keinen Fall vergessen durfte, der Chef, der sich absoluter Loyalität und Treue sicher sein konnte, Freunde, Verwandte und sonstige bekamen handgeschriebene Post, mit der man auch noch unaufdringlich, aber eindeutig demonstrieren konnte, was für ein Gutmensch man war. Andererseits ließ sich an der Post, die man selber erhielt, durchaus der Beliebtheitsgrad erkennen. Je mehr, desto toller. Oder so.

Heute: lässt sich der Beliebtheitsgrad nicht mehr ganz so leicht errechnen. Denn obwohl Sie nicht die Bundeskanzlerin sind – eine überzeugte SMS-Liebhaberin übrigens –, ist auch Ihr Handy Weihnachten dauerhaft aktiv. Piep-piep, piep-piep, piep-piep – alle zwei Minuten. Von Herzen kommende Weihnachtsgrüße. Animierte Schneeflocken, knutschende Rentiere und fallende Sterne auf dem Display demonstrieren die technische Verliebtheit des Absenders. Oder auch dessen Bequemlichkeit. Denn eins ist klar – diese SMS teilen Sie sich mit dreihundertvierundzwanzig anderen Handybesitzern. Schlimmer noch – dieselbe Rund-SMS werden Sie wahrscheinlich noch weitere zweiundsiebzig Mal bekommen, da andere in Ihrem Bekanntenkreis, die auch im Rundverteiler sind, sie so süß fanden, dass sie Sie damit gleichfalls beglücken wollen. Weil das alles noch faulere Säcke sind als der, der sich wenigstens ein einziges Mal die Mühe gemacht hat, eine zu erfinden. Wenn Sie diese SMS beantworten, möchten wir nicht, dass Sie dieses Buch weiterlesen. Das haben Sie dann echt nicht verdient. Und wir auch nicht. Verstehen Sie uns nicht falsch, aber distanzieren Sie sich von Kettenbriefen und Rund-SMSen. Keine Panik – Ihr Glück geht Ihnen dadurch nicht durch die Lappen, und der Himmel fällt ihnen deshalb auch nicht auf den Kopf.

Eins noch – ähnlich fies sind natürlich auch Grüße in Mailform. Auch gerne als Massenware. Entweder schwer bis gar nicht zu öffnen, da Ihr Computer genau dieses Programm nicht unterstützt, obwohl Sie ihn gerade für teuer haben aufpimpen lassen. Oder als »Geschenk« obendrein gibt's ein niedliches virtuelles Haustier, das Ihnen garantiert das Weihnachtsfest versaut: ein fulminanter, gerade neu entwickelter, ganz besonders hungriger, alles zerstörender Virus. Vergessen Sie Vogel-, Schweine- oder Sommergrippe.

Martina adoptierte einen Teddy.

2. Weihnachtsgeschenke

Damals: Alle Mädchen haben sich einen Kaufmannsladen gewünscht, und die allerallermeisten haben auch einen bekommen. Die armen Schweine, die leer ausgingen, gehören heute wahrscheinlich zur knappen weiblichen Wirtschaftsboss-Führungselite. Eine Entwicklung zum Heimchen am Herd wurde offensichtlich von vorausschauenden Müttern und emanzipierten Vätern direkt im Keim erstickt. Damals waren diese Mädchen bemitleidenswerte Freundinnen, die natürlich dennoch mitspielen durften. Aber auch nur als Kundinnen – die Herrscherinnen über kleine Zucker-, Wasch- und Gemüsepäckchen, gefüllt mit pappigem Puffreis, waren selbstverständlich die stolzen Ladenbesitzerinnen. Das Ungetüm aus Holz und Plastik blockierte zwar den Löwenanteil des Kinderzimmers, lehrte aber ungemein die Konsumfreudigkeit, die die Therapeuten heute lästigerweise als Kaufsucht betiteln. Natürlich waren die Rollen klar verteilt: Für die Jungs gab's Carrera- oder Eisenbahnen. Auch die kleinen Cowboys wurden gut ausgestattet mit knallenden und stinkenden Colts und Platzpatronen. Beliebte Unisex-Geschenke: Gesellschaftsspiele wie Mensch ärgere Dich nicht, Malefiz oder Monopoly. Letzteres beschäftigte alle Beteiligten stundenlang ohne nennenswerten pädagogischen Ansatz – wenn man vom großkapitalistischen Grundgedanken mal absieht.

Kim: Näherte sich ernsthaft jemand meiner Ladentheke, gab's Tote.

Heute: Teuer darf's sein. Ein Label muss es haben. Und einen Stecker. Wichtig ist außerdem: Alle anderen haben's auch. Und wenn nicht, wollen alle es haben. Eine große Herausforderung für die Eltern. Ist ein bisschen wie bei »Hase und Igel«. Heute der iPod, nächstes Jahr das iPhone. Heute der PC, nächstes Jahr der Mac. Heute ein Handy, nächstes Jahr ein Mini-Computer, mit dem man zufällig auch telefonieren kann. All diese Kinderwünsche vereinen folgende händlerfreundlichen Risiken: Sie gehen schnell kaputt, sind dafür richtig teuer, werden im Sportunterricht aus der Mappe geklaut und haben ein Verfallsdatum wie linksdrehender Joghurt. Haben Sie schon mal jemanden gesehen, der einen Kaufmannsladen klaut? Lernen Sie, mit diesen Risiken zu leben. Versuchen Sie jetzt bloß nicht, Ihrem Kind didaktisch sinnvoll zu kommen. Sie sorgen sonst dafür, dass Ihr Nachwuchs gesellschaftlich ausgegrenzt wird, und riskieren damit lebenslange tiefe Gräben voller Unverständnis und Generationsdebakel. Und das wollen Sie doch nicht, oder?

3. Weihnachtslieder

Damals: Das Weihnachtslied gehörte fest zu den Ritualen. Die ganze Familie versammelte sich um den Baum, einer stimmte den Ton an und alle anderen mit ein. Momente unendlicher Ungeduld für die Kinder, die erst die Geschenke besingen mussten, bevor sie sie auspacken durften. Blöd nur, dass wirklich jeder gesungen hat. Vor allem die, die es nicht konnten. Tante Helga, die sich das ganze Jahr im Landfrauen-Chor versuchte, sah gerade an Heiligabend ihre große Chance. Und Opa Horst amüsierte die Enkelschar mit seiner katastrophalen englischen Aussprache. Aber egal – endlich gab's mal die Berechtigung zum Singen. O du Fröhliche! Komischerweise war's auch immer fröhlich – egal, ob die Töne schief oder gerade waren. Vielleicht, weil singen einfach Spaß macht. Außerdem musste niemand überflüssiges Zeug reden.

Kim: Während ich singen ließ, suchte ich das Rotlicht der Kamera.

Heute: der blanke Horror für alle Kinder, deren Eltern noch erlebt haben, wie nett es sein kann mit Tante Helga und Opa Horst. In Zeiten von Eminem und der gefallenen und wiederauferstandenen Britney klingt Heintjes »Aber Heidschi, Bumbeidschi« auch wirklich zu lächerlich in iPod-verstopften Ohren. Ihnen fehlt einfach die notwendige, traditionelle, musikalische Grunderziehung. In vielen Familien gibt es trotz allem Hausmusik an Weihnachten – vor allem, wenn Junior eigentlich Rockstar werden will, genau zwei Akkorde auf der Gitarre beherrscht und von der anwesenden Familie die ganze Zeit Ovationen erwartet. Spielen Sie mal mit zwei Akkorden »Stille Nacht« oder – schlimmer noch – »Es ist ein Ros entsprungen«. Auch sonst kann das selbstverliebte Geschrammel irgendwann dazu führen, dass sich nun die Oma die iPod-Stöpsel in die Ohren steckt.

Orangen-Chili-Pralinen

Rezept für 30 Pralinen (Zirkaangabe)

250 g	Kumquats (Mini Orangen)	Kumquats und Chilischote halbieren. Beides mit Orangensaft, Zimt und Zucker in einen Topf geben und etwa 20 Minuten bei mittlerer Hitze köcheln lassen.
1 kleine	Chilischote, rot	
500 ml	Orangensaft	
1	Zimtstange	
100 g	Zucker	

8 Blatt	Gelatine	Gelatine 5 Minuten in kaltem Wasser einweichen, ausdrücken und in dem eingekochten Orangensaft auflösen. Diesen durch ein feines Sieb in eine flache, mit Folie ausgekleidete Schale drücken. Orangen-Chili-Saft für 4 Stunden in den Kühlschrank stellen und dort vollständig gelieren lassen.
10	Eiswaffeln in Streifenform	Die Waffeln in 2 cm kurze Stücke schneiden.
		Das fest gewordene Orangen-Chili-Gelee in gleich große, etwa 2 x 2 cm große Quadrate schneiden und jedes Gelee Quadrat auf ein kleines Waffelstück setzen.
250 g	Zartbitter Schokoladenglasur	Die Schokoladenglasur in heißem Wasser oder in der Mikrowelle temperieren und die Orangengeleestücke mit der Glasur überziehen. Die fertigen Pralinen für mindestens 1 Stunde in den Kühlschrank stellen.

3. Advent

Aber so wär's auch schön

13

Manuela, zweiundvierzig

Omas letzter Weihnachtswunsch

»Leute, wir dürfen keene Weihnachtsjelder von den Kunden mehr annehmen. Ditt wird echt knapp dieses Jahr!« Mein Vater kratzte sich nachdenklich am Kinn. Seit siebenunddreißig Jahren saß er auf dem Bock bei der Müllabfuhr. Da fiel öfter was ab, gerade an Weihnachten. Da wurden gerne mal Geschenke finanzieller Art als Dankeschön für zwölf Monate Drecksarbeit über den Zaun geschoben. Hier ein Zehner, da zwanzig. Aber auch mal ein Hunderter, wenn die Jungs etwas entsorgt haben, was eigentlich in den Sondermüll gehörte. Das Geld wurde immer gerecht geteilt, zwischen den Männern in der Schicht. Das wusste jeder, und das war auch fest mit eingeplant. Dafür bekamen die Kinder mal was ganz Besonderes. Meistens hat's sogar fürs ganze Weihnachtsfest gereicht. Mit Braten, Baum und Bescherung.

»Die Lütte kriegt ooch keenen Zusatzgroschen mehr. In dem feinen Salon dürfte zwar jeder Trinkgeld geben, da will aber kaum noch einer. Kiekt doch im Moment jeder, wo er bleibt!« Meine Mutter schüttelte müde den Kopf, während sie mich ansah.

»Pass uff, Mudda. Nicht dass die Farbe runtertroppt!« Ich griff mit den Plastikhandschuhen noch rechtzeitig in die mit zyklamroter Pampe verschmierten Haare meiner Mutter. Ich hatte aus dem Salon Uschi heimlich, an meinem Chef vorbei, Mutters Lieblingston mitgehen lassen, damit sie unterm Baum wenigstens ohne grauen Haaransatz saß. Ansonsten war Mutter inzwischen mehr eine undefinierbare Masse, die sich nur mühsam und unter lautem Keuchen bewegen konnte. Sie wog geschätzte zwei Zentner. Aber für die Arbeit bei der Post machte das nichts. Sie saß da seit zwanzig Jahren in der Frühschicht und sortierte Briefe.

»Kann mir mal einer erklären, wovon ick den Baum dieses Jahr zahlen soll?« Papa ignorierte meine Bemühungen, meine Mutter irgendwie herzurichten. Er hatte sich an den Anblick seiner Frau gewöhnt, und ihn konnte so schnell nichts mehr erschüttern.

»Vadda, mach dir doch nicht so 'ne Birne. Für 'n Bierchen und 'n Kurzen wird's schon noch reichen. Und den Baum kann Omma doch von der Rente koofen.« Ich versuchte, den Kopf meiner Mutter in eine bestimmte Position zu bringen.

»Es wäre doch viel schöner, wenn wir hier unten inner ›Sonne‹ feiern könnten. Kost wenig, 'n Baum haben die ooch, und die Kruses und die Lehmanns sind ooch da.«

»Vadda, die sitzen doch jeden Abend in der Kneipe. Und Weihnachten war'n wir immer bei Oma. Ick freue mich das ganze Jahr druff.«

Mamas Haare waren wirklich ganz gut geworden.

»Du bist doch keene sieben mehr, wo man noch auf seinen Schokoladenpudding besteht!«, mischte sich der Rotschopf nun ein. »Jedes Jahr ditt Gleiche. Wir müssen alles rüberschleppen zu ihr, vorkochen, Tisch decken, 'ne Spülmaschine hat se ooch nicht.«

»Und wie ditt da riecht. Als hätte sie den Braten noch vom Vorjahr im Schrank. Deine Mutter wird einfach alt, Ingrid. Du übrigens ooch. Wenn ick dich so ankieke ...«

»Dann kiek doch weg.« Meine Mutter fragte sich ein uns andere Mal, warum sie diesen Mann geheiratet hatte. Manni wäre doch auch gut gewesen. Der hat's auch zu was gebracht, und der würde heute noch, nach fünfzig Jahren, jedes einzelne Pfund an ihr lieben. Da war sie ziemlich sicher.

Ich pflaumte meine Eltern an: »Mein Gott, immer ditt Gleiche. Schiebt euch doch mal 'ne andere Kassette ins Ohr. Bei Oma ist schön, war schön und wird immer schön bleiben. Ende. Und ihr habt jetzt noch drei Wochen Zeit bis Weihnachten, euch an diesen Gedanken zu gewöhnen. Mudda, du gehst jetzte die Farbe abspülen, und Vaddern kiekt Fußball. Ditt kannste doch sowieso am besten. Und wenn ick Mudda geföhnt habe, machen wir deine Dauerwelle wieder frisch, klar, Papa? Damit du auch wieder nach was aussiehst. Deine fünfundsechzig Jahre soll dir ja keiner ansehen!«

Zwei Stunden später war Mama geföhnt, und Pappa frisch gewickelt. Seine Goldkettchen blitzten auf den inzwischen grauen Brusthaaren, und im Aschenbecher quetschen sich geschätzte sechzig Kippen.

»Kaffee?«, fragte mich Mama, als ich gerade dabei war, meinen Kram zusammenzupacken. Da klingelte das Telefon.

»Helmut, geh doch mal ran. Ick bin in de Küche!«,

schrie Mama leicht hysterisch, weil das Telefon so gut wie nie klingelte.

»Hallo! Hier is' Helmut Schmidt. Wer spricht denn da?«

»Aha, aha, oh …«

»Wer is denn da dran, Helmut?« Mama war immer noch in der Küche.

»Äh, dit ist ja furchtbar …«

»Watt is denn?« Mamas Stimme wurde schriller.

»Sie haben sie gefunden? Wo is sie jetzte?«

»Watt? Vaddern, jetzt rede schon. Wen gefunden?«

»Danke, Frau, äh, ja, richtig. Schimkowski. Ick melde mich. Danke. Danke!«

Er legte den Hörer auf, setzte sich schwer atmend aufs Sofa zurück und stammelte nur ein Wort: »Oma.«

Aus einem Mund schrien Mama und ich: »Watt?«

»Oma is zusammenjebrochen. Ditt war Frau Schimkowski, die Nachbarin. Die hat se im Treppenhaus gefunden. Wahrscheinlich Herzinfarkt. Mensch, Elachen, fährst du uns jetzt schnell ins Krankenhaus?«

Ich fühlte mich, als hätte man mir mit einem Vorschlaghammer auf den Kopf geschlagen, so verwirrt war ich: »Watt wird denn jetzt aus Weihnachten?«

»Elachen, du bist ja kreideweiß! Ditt mit Oma wird schon wieder. Die ist doch erst siebenundachtzig! Heute is ditt keen Alter mehr!«

Mama versuchte mir zu helfen, den Schock zu überwinden.

Ich konnte mich nicht erinnern, mal so tröstende Worte aus ihrem rot umrandeten Mund gehört zu haben. Und so schlecht gelogen.

Wir machten uns, so schnell es angesichts Ingrids Körperfülle ging, auf den Weg ins Krankenhaus.

Oma lag auf der Intensivstation, künstlich beatmet, an Schläuche und Monitore angeschlossen. Noch bevor wir überhaupt zu ihr durften, kam ein junger Arzt auf uns zu.

»Sind Sie die Familie von Frau Weller?« Er klang sehr freundlich und professionell.

»Genau das hat Oma nie jewollt. Und nun liegt sie hier.« Ich stand immer noch unter Schock.

»Ihre Großmutter hat einen schweren Herzinfarkt. Wir versuchen alles, was in unserer Macht steht. Aber Frau Weller ist ja nun auch schon siebenundachtzig und starke Raucherin. Sie muss jetzt wirklich wollen …«

»Watt, wollen?« Papa verstand offensichtlich nur Bahnhof. »Nach Hause will se. Ditt kann ick Ihnen auch ohne weißen Kittel sagen. Nach Hause und mit uns Weihnachten feiern.«

»Das wird eher nichts. Sie muss auf jeden Fall zur Beobachtung in der Klinik bleiben!«

»Können wir denn jetzt mal zu meiner Mutter?« Auch Mama verlor langsam die Nerven.

»Ja. Kurz. Sie ist bei Bewusstsein. Manchmal. Aber bitte regen Sie sie nicht auf. Und länger als fünf Minuten geht es auf gar keinen Fall!«

Damit übergab er uns einer resoluten Krankenschwester, die uns regelrecht durch die Tür schob. »Nun trauen Sie sich ruhig rein. Es ist gar nicht so schlimm!«

Es war noch viel schlimmer. Oma lag mit geschlossenen Augen im Bett und wirkte beinahe durchsichtig. Es war offensichtlich – sie wollte überhaupt nicht mehr.

»Omachen, watt machste denn für Sachen«, sagte mein Vater, der als Erster seine Stimme wiederfand.

Ich streichelte Omas Hand, während Mama laut schluchzte.

»Ick will zu Oppa!«, flüsterte meine Großmutter müde und mit letzter Kraft.

»Also, Oma, sach mal, wer wird denn so watt sagen!«

»Hör uff zu quatschen! Ick meine das ernst. Ick bin alt und freu mich schon seit Jahren auf ihn. Schließlich haben wir uns ja ooch lange nicht mehr gesehen. Glaubt mir, der wartet auch auf mich.«

Opa war mit einer der letzten Bomben auf Berlin gefallen – das war im März 1945. Nach einer angemessenen Trauerphase stieg Oma wieder ins Leben ein. Sie brachte es auf geschätzte zweiundzwanzig Liebhaber, aber es war alles nur rein körperlich. Mit siebzig hörten ihre Liebesspiele schlagartig auf, und sie dachte wieder häufig und sehr verklärt an meinen Opa, den ich natürlich nie kennengelernt hatte.

»Oma, ick will nicht, dass du so was sagst.« Jetzt heulte ich auch.

»Ach, du Kleene. Das Leben geht vorbei. Wenn's erfüllt war, ist der Abschied auch nicht so schwer. Und ick hatte genügend Erfüllung«, grinste sie in Anspielung auf ihr heiteres Bäumchen-wechsel-dich-Spiel in jüngeren Jahren.

Ihr fiel das Sprechen schwer, trotzdem lagen ihre Kraft und die gewohnte Schlagfertigkeit in der Luft. »Helmut, so wie ick dich kenne, hast du doch mit Sicherheit noch kein einziges Geschenk für mich. Du gehst ja immer erst um kurz vor zwölf los. So, nun sieh mal: Für mich *isset* jetzt genau kurz vor zwölf! Und ick habe nur noch einen Wunsch: Ick will zu Opa. Ich will da begraben werden, wo Opa liegt. So uff ihm druff sozusagen. Wie ihr das organisiert, ist mir wurscht.«

Wir schwiegen erschrocken. Das überstieg das emotionale Kapital unserer kleinen Familie total. Erst schien Oma der Lebenswille verlassen zu haben und dann noch alle guten Geister. Aber selbst jetzt duldete sie keinen Widerspruch.

»So, und jetzt geht bitte. Ick bin sehr müde.«

Am Abend desselben Tages verstarb meine über alles geliebte Oma, Frau Else Weller, ruhig und mit einem zufriedenen Lächeln im Gesicht. Ihre sterblichen Überreste wurden erst im Keller des Krankenhauses aufbewahrt, um dann später einem Bestattungsunternehmen übergeben zu werden.

Die nächsten Tage waren mit Organisatorischem belegt. Es blieb kaum Zeit zum Trauern. Wahrscheinlich hätte Oma dieses Gefühl auch gar nicht zugelassen. Sie sah wirklich beinahe glücklich aus, als sie starb. Umso ernster und gewissenhafter wollten meine Eltern, aber vor allem ich, Oma ihren letzten Wunsch unbedingt erfüllen.

»Na, watt haben die von der Friedhofsverwaltung denn gesagt?«, fragte meine Mutter abends in der Eckkneipe »Zur Sonne«, wo wir uns mit meinem Vater trafen. Sie hatte ihre Massen in eine schwarze Bluse gezwängt. Ihre Haut war blass und die Augen rot geweint – es bestand eine gewisse Farbkorrespondenz zu den frisch getönten Haaren. Ich starrte nachdenklich in mein Weinglas.

»Es geht nicht. Es ist nicht erlaubt. Opa liegt in einem so genannten Kriegsgrab. Ditt buddeln die selbst für Oma nicht noch mal uff. Keine Chance. Ditt ist Gesetz oder so.«

»Und jetzte?« Mama war sichtlich verzweifelt.

»Wir machen es trotzdem, und wenn es das Letzte ist, was ich tue!« Um die Ernsthaftigkeit meiner Worte zu unterstreichen, bemühte ich mich sehr um eine hochdeutsche Aussprache. Und so viel Mühe gab ich mir nur bei wirklich wichtigen Anlässen.

»Du bist doch nicht janz dicht. Oma ist tot, und du kommst ins Gefängnis. Wie willste denn ditt anstellen? Oma inne Urne klauen und dann nachts heimlich selber …«

»Genau so wird's passieren!«

Ich bin mir sicher, dass meine Eltern mich selbst nicht mehr erkannten. War das die brave, liebe, angepasste Manuela, die seit ihrem sechzehnten Lebensjahr im Salon Uschi klaglos Spitzen schnitt?

Meine Courage überstieg selbst meine eigenen Erwartungen: »Klauen und buddeln, das ist die Devise und unser Schlachtruf. Seid ihr dabei?«

»Äh, ja. Klar. Henry, bring mal drei Körner! Wir müssen hier watt besiegeln. Ach am besten, bring gleich drei doppelte.«

»Um das durchzuziehen, brauche ick eine Flasche. Ihr redet hier von meiner Mutter. Was soll ick denn anziehen?« Mama schien mal wieder orientierungslos. Selbst das Gucken eines Krimis versetzte sie gewöhnlich in Wallungen. Jetzt selber Teil einer kriminellen Tat zu werden überstieg augenscheinlich ihren Horizont.

»Und ick weiß auch schon, wann die inoffizielle Beerdigung im kleinsten familiären Rahmen stattfinden wird: am 24. Dezember um 21 Uhr 30. Dann ist es dunkel, und wir feiern doch noch mit Oma Weihnachten. Na ja, und auch *bei* Oma. Sie ist halt nur umgezogen …«

Offiziell wählten wir für das Ende unserer Mutter, Groß- und Schwiegermutter eine anonyme Feuerbestattung zum Discountpreis von vierhundertneunundneunzig Euro. Mehr war definitiv nicht drin.

»Mehr ist nicht drin«, sagte Papa dann auch dem sehr netten Bestatter, der sich wirklich sehr viel Zeit nahm und Mühe machte. Und in diesem Gespräch reifte Plan B.

»Wir hätten gerne zwei Urnen. Zweimal die Gleiche. Oder heißt es dann dieselbe?«

»Ist doch ejal, Helmut.«

»Jut, gibt's dann auch – ich sage mal – einen Mengenrabatt?«

»Nun, das ist ein sehr ungewöhnlicher Wunsch. Warum möchten Sie denn zwei Urnen?« Der junge Mann war sichtlich verwirrt.

»Is doch logisch. Wir beerdigen sie ja anonym. Ditt hat sie so gewollt, von wegen die Grabpflege und so. Und als Erinnerung an sie werden wir quasi unseren eigenen Altar bauen. Da stehen dann die Urne, ein paar Fotos, immer frische Blumen … Is ditt nicht schön?« Ich strahlte und war selber überrascht über die Lüge, die ich dem Bestatter lächelnd auftischte.

»Na gut. Ihr Wunsch ist mir Befehl. Aber Mengenrabatt kann ich Ihnen darauf nicht geben. Die Urne kostet dann noch einmal neunundvierzig Euro extra.«

Zehn Minuten später standen wir drei auf der Straße, und Mama verschloss unter Mühen die Arme vor der gewaltigen Brust. »Na, ditt ist ja auch schön. Kann mir jemand mal erklären, warum wir jetzt zwei Urnen gekauft haben? Und watt soll der Quatsch mit dem Altar? Ich habe meine Mutter ja sehr geliebt, aber geht ditt nicht ein bisschen weit? Watt war denn das für ein Ohnsorg-Theater?«

»Mensch, Mudda, in der einen ist die Oma drin und in der anderen ist sie wirklich drin. Soll heißen: Wir tauschen die Urnen einfach aus. Nach der Verbrennung, wenn se dann so aufgestellt ist zwischen Kerzen und Blumen, lenkt Papa den Aufpasser ab, und ich tausche die volle gegen die leere aus. Dann haben wir Oma zu Hause.«

»Und als Nächstes stell ick mich nachts auf den Friedhof und buddle, oder watt?«

»Genau. Nur ditt musst du nicht machen, ditt macht Vaddern.«

Der Plan klappte. Der Tausch der Urnen ging reibungslos über die Bühne, führte bei Mutter allerdings zu extremen Panikattacken, die der Bestatter glücklicherweise für aufrichtige Trauerarbeit hielt.

»Ditt ist ja schon ein bisschen unheimlich, mit meiner Mutter jetzte hier unterm Arm durch die Stadt zu laufen.« Mama bekam sich nur schwer wieder ein. Immer wieder schielte sie betroffen zu der bunten Plastiktüte, die Papa trug.

»Aber du glaubst gar nicht, wie leicht sie jetzt ist«, witzelte er, und ich merkte ihm an, wie stolz er war. So eine halbkriminelle Nummer hätte er sich selber nie zugetraut.

Während Mama sich nur schwer mit dem neuen »Wohn-Accessoire« anfreunden konnte, bestand Helmuts viel größere Herausforderung darin, nicht der gesamten Müllabfuhr auszuplaudern, was für ein dufter Typ er war. Gut, dass ich den Überblick behielt.

»So, Elachen, watt machen wir denn jetzt? Wie geht es denn nun weiter?« Mama und Papa gaben die weitere Planung dieses dunklen Familiengeheimnisses bereitwillig in meine Hände.

»Ick habe mir den Friedhof angeguckt. Auch im Dunkeln. Also, Opa ist grundsätzlich gut zu erreichen. Er liegt ja eher in einer Außenposition. Drumherum sind große Bäume, und die einzige Laterne ist kaputt. Und an Heiligabend ist da keene Seele mehr auf dem Friedhof. Da müssen wir dann die Sache durchziehen.«

»Und dann gehen wir hin, buddeln ein Loch und legen Oma auf Opa? Ohne Pastor und Trauerrede? Ditt ist aber nicht schön.« Mama fühlte sich der ganzen Sache immer weniger gewachsen.

»Nee. Anders. Wir feiern dort Weihnachten! Ich nehme den kleinen Baum mit, du machst Kartoffelsalat, und wenn das Loch gebuddelt ist, singen wir ein bisschen und hoffen, dass uns keiner erwischt.«

Am Heiligen Abend konnten Außenstehende auf dem Friedhof an der Weddinger Seestraße eine sehr merkwürdige Prozession beobachten. Wir müssen echt komisch ausgesehen haben: Ein schlanker Mann mit Minipli und einem Gefäß in der Hand, eine mittelalte Frau mit einem kleinen Weihnachtsbaum und einem Rucksack und eine außergewöhnlich dicke Dame, die eine Schippe hinter sich herzog. Beinahe ein bisschen wie die Heiligen Drei Könige – alle mit einem Geschenk in der Hand.

»Wie tief muss denn ditt Loch sein?«, flüsterte meine Mutter von hinten.

»Ick hab mich genau erkundigt: eigentlich achtzig Zentimeter. Aber mir reichen sechzig. Wir wollen ja nicht auf Opa stoßen!«

In dieser dunklen Nacht fing nun mein Vater an, schnaufend und fluchend ein Loch in die winterliche Erde zu graben.

»Sei doch leise, Vadda. du machst ja die ganze Nachbarschaft wach!«

»Sehr witzig, wenn hier einer von den Herrschaften bereit ist, wieder aufzuwachen, möchte ick aber nicht dabei sein. Mann ist ditt gruselig!«

»Du tust es doch für Oma!« Ich fröstelte trotz des dicken Mantels.

»Ick weeß, aber ein letztes Wort sei mir erlaubt: So, meine liebe Else! Mein Leben lang hast du nie wirklich viel von mir gehalten, und eigentlich war ick dir auch nie jut genug für deine Tochter. Nu kieck se dir an … Na, ditt ist ein anderes Thema. Ick hoffe mit diesem letzten Wunsch auf ewigen Frieden. Und wehe, du fängst an zu spuken irgendwann!«

»So, biste jetzt tief genug, Papa? Es wird Zeit.«

»Dann stell dein Bäumchen mal auf!«

Wenig später sank die Urne begleitet von leisem Gesang und nicht ganz so leisem Geschluchze in die kalte Erde, die zum Glück noch nicht gefroren war. Wir schippten die ausgebuddelte Erde wieder in das illegale Grab, legten den wintertrüben Efeu auf die Stelle, die eben noch ein Loch gewesen war, packten den Kartoffelsalat aus und feierten bei und mit Oma ein letztes Mal Weihnachten – unterm Weihnachtsbaum, ausnahmsweise sogar mit drei echten Kerzen.

Eine Stunde später saßen wir drei dann in der »Sonne« und tranken auf Oma, Opa und uns selber. Das war mit Abstand das Ungewöhnlichste, was wir je erlebt hatten. Es war aber auch das liebevollste Geschenk von allen. Oma war schuld, dass wir raus waren aus dem Alltagstrott und einen Ausflug ins Abenteuerland gemacht hatten.

Papa brachte es auf den Punkt: »Ditt war schon sehr aufregend. Aber nun ist auch wieder jut. Henry, drei Doppelte. Ist ja schließlich Weihnachten – und das braucht seine Traditionen.«

In den kommenden Jahren begann jeder Heilige Abend für uns, die kleine Familie Schmidt, stets mit einem Besuch der Grabstätte – mit Weihnachtsbaum, Kartoffelsalat und einer ganz eigenen Weihnachtsgeschichte.

14

Jürgen, dreiundfünfzig

Weihnachtsgrüße aus der Klapse

»Ho, ho, ho.« Und noch mal: *»Ho, ho, ho.«* Nur ein bisschen tiefer. Bin doch nicht bescheuert, ich hab's ganz deutlich gehört. Na gut, vielleicht bin ich ja doch bescheuert. Normalerweise wäre ich jetzt in Salbach auf Rosis Alm und würde Jagertee trinken.

Hätte Frau Sommer, meine Sekretärin, nicht so überreagiert, wäre auch alles wie immer. Nur weil mein Kopf auf der Schreibtischplatte lag und ein bisschen Schaum aus meinem Mund trat, hat sie die Feuerwehr gerufen. Und jetzt bin ich hier. Burnout sagen die Ärzte. Mein Gott, ein Stückchen überarbeitet vielleicht. Im Urlaub hätte sich das schon wieder beruhigt, dieses Ohrensausen. Und geschlafen hätte ich da auch mal wieder wie ein Toter.

»Ho, ho, ho.« Nur Irre hier. Das hören doch andere auch, oder? Es ist jedenfalls lauter als mein Ohrensausen. Und es kommt von nebenan. Da bin ich ganz sicher. Oder sind das jetzt schon die Tabletten? Vielleicht gehört das zu den Nebenwirkungen.

»Rudolph«. Und wieder: *»Rudolph!«* Kann mir mal einer erklären, wie ich mich hier erholen soll? Was ist denn das für ein Affenhaus? Nun los, Dr. Rudolph. Stoppen Sie

endlich diesen Clown da nebenan. Wie oft soll der noch nach Ihnen brüllen? Wenn ich bis jetzt nicht verrückt bin, kann ich es ganz schnell hier werden. Ihr macht mich alle bekloppt.

Wo ist dieser Klingelknopf?

»Sieht so aus als bräuchte ich mehr Pillen, Schwester.«

Wenn ich schon hier bin, kann's erstens ruhiger und zweitens effektiver zugehen. Die sollen mir doch einfach mehr geben. Ich hab wirklich überhaupt keine Zeit, mich hier luxuriös auszustrecken.

Dafür hatte ich genau diese drei kommenden Tage als Zeitfenster geblockt. Und zwar in SALBACH und nicht in der Klapse.

»Schalten Sie diesen Typen nebenan aus, Schwester!«

Wie, ich soll mich beruhigen? Versuch ich ja! Aber wie denn? Da. Da ist es wieder. *»Ho, ho, ho!«* Ohrenstöpsel! Die könnten helfen. Gibt's nicht? Gut, dann rede ich mit dem Vogel. Wird ja nicht gefährlich sein.

»Sagen Sie, Sie Weihnachtsmann, geht's vielleicht ein bisschen leiser? Gibt ja auch Leute hier, die ihre Nerven schonen sollen!«

»Warst du denn auch brav dieses Jahr?«

Hoppala! Es ist wirklich die Klapse. Die haben mich ernsthaft in eine Irrenanstalt gesteckt.

»Hören Sie, ich will Ihnen wirklich nicht zu nahe treten, aber ich brauche meine Ruhe.«

»Von drauß' vom Walde komm ich her…«

»Nee, Sie kommen besser zur Vernunft.«

»… und muss euch sagen: Es weihnachtet sehr!«

»Ja, und genau deshalb sitze ich hier. Dieser ganze

Weihnachtskram hat mich irre gemacht. Wissen Sie, was vor Weihnachten bei mir in der Firma los ist? Sie haben keine Vorstellung. Fünfzehn Stunden jeden Tag …«

»All überall auf den Tannenspitzen …«

»Hören Sie auf. Sie sollen aufhören. Sofort. Lassen Sie dieses bescheuerte Grinsen. Ich bin nicht schwachsinnig. Hier ist ja nicht jeder ein Idiot.«

»Sah ich goldene Lichtlein blitzen.«

»Das kann ich mir vorstellen, dass es bei Ihnen blitzt!«

»Nun setz dich mal, mein Junge. Du bist ja ganz aufgeregt!«

»Aufgeregt? Ich rase gleich vor Wut!«

»Kakao?«

»Okay, gucken Sie genau in diesen Becher, und sagen Sie mir, was das ist: Kakao oder stilles Krankenhaus-Plörre-Wasser? Mein Gott, was haben die denn hier mit Ihnen gemacht? Sie sind ja komplett zugedröhnt! Schwester, die Tabletten von diesem Herrn schlucke ich auf keinen Fall. Dass das klar ist. Außerdem will ich jetzt endlich mal mit einem Arzt sprechen.«

»Ach, wie schön, Sie haben sich schon mit Herrn Claus angefreundet. Das freut mich aber. Er ist bei allen sehr beliebt. So ein reizender alter Herr. Und Lieder kennt der…«

»Mitnichten habe ich mich mit irgendjemandem hier angefreundet. Ich versuche nur, für Ruhe zu sorgen, was Ihnen ja offensichtlich nicht gelingt.«

»Ach, Herr Bahler. Sie werden hier schon zur Ruhe kommen. Ganz schnell. Vielleicht legen Sie sich einfach mal ein bisschen hin. Sie sind ja gerade erst angekommen. Gucken Sie mal, hier ist Ihr Becherchen mit Ihren Tabletten. Nehmen Sie die bitte jetzt, dann beruhigen Sie sich ganz automatisch. Herr Claus, darf ich Ihnen das Abendbrot bringen?«

»Danke, Schwester Julia. Sie sind mein Engel! Wo sind denn Ihre Flügelchen, hmmm?«

»Ach, Herr Claus. Die liegen noch im Schwesternzimmer. Die sind ja so sperrig. Stören ein bisschen bei der Essensausgabe. Wissen Sie doch.«

»Verbrüdern Sie sich mit allen Durchgedrehten? Gehört das zum Job oder zur Therapie? Nur unter uns – bei mir können Sie sich die Mühe sparen. Kommen Sie bloß nicht auf die Idee, mit mir so meschugge zu quatschen. Außerdem bin ich hier morgen wieder raus.«

»Ich glaube, das entscheidet ja dann doch eher Dr. Schiller. Visite ist in zwei Stunden.«

»Wieso Schiller, ich denke der heißt Rudolph? Schwester, ich möchte Ihnen wirklich nicht zu nahe treten. Im Jahr entscheide ich über mehrere Millionen, da werde ich doch entscheiden können, wo ich mich morgen befinde.«

»Wie Sie meinen! Herr Claus, mit Käse oder mit Wurst, Weißbrot oder Vollkorn, Kamille oder Pfefferminz?«

»Wollen Sie nicht mit mir essen, Herr Bahler. Leisten Sie mir ruhig Gesellschaft. Zu zweit ist doch viel schöner. Bringen Sie doch bitte mir und meinem Gast eine bunte Platte, reizendes Fräulein Julia, Engelchen.«

»Na, Sie gehen ja ran. Engelchen! Kriegen hier alle Schwestern von Ihnen Kosenamen?«

»Wie hat deine Mutter dich eigentlich genannt, Tommy, Tom oder nur mein Kleiner?«

»Woher wissen Sie, dass ich Thomas heiße?«

»Ich kenne alle Namen. Das ist mein Job, oder wie sagt ihr heute?«

»Wie, ihr heute?«

»So, bitte schön, einmal bunte Platte für zwei. Guten Appetit, die Herren. Ich komm dann später noch mal vorbei!«

»Tommy, setz dich hin und iss in Ruhe. Ruhe ist doch das, was du dir am meisten wünschst. Ach richtig, und diese alte Herrenuhr in Weißgold.«

»Welche Uhr? Wovon reden Sie?«

»Na, die wünschst du dir doch schon seit Jahren.«

»Sind Sie Mentalist? Ach so, nee: Sie sind ja der Weihnachtsmann. Ho, ho, ho!«

»Woran haben Sie es gemerkt? Ich weiß, ich weiß. Ein ungewöhnlicher Ort für mich. Man erwartet mich hier nicht. Aber ich habe meinen Grund, Tommy!«

»Sie gehen mir unglaublich auf den Sack!«

»Und den habe ich gefüllt!«

»Der Gag musste jetzt kommen, oder? Boa, wie blöde.«

»Tommy, jetzt regst du dich wieder auf.«

»Richtig. Und gleich hebt Tommy ab und fliegt mit deinem Gaga-Rudolph einmal durchs Zimmer. Wo ist der Gaul überhaupt?«

»Rentier, Tommy. Er hört das nicht so gerne. Pferde haben keine Geweihe und – mit Verlaub – auch keine leuchtende Nase!«

»Hören Sie zu. Ich weiß ja nicht, was die Ärzte hier mit Ihnen machen, aber haben Sie Ostern das Gefühl, Ihnen wachsen lange Ohren und ein Puschel am Hintern?«

»Nein, natürlich nicht. Die Aufgaben sind klar verteilt. Ich bin fürs Jahresendgeschäft verantwortlich. Und mache das auch wirklich gerne.«

»Was machen Sie gerne: verfetteten, nie zufriedenen Kindern noch mehr Konsumgegenstände in den Rachen schmeißen? Oder verkleiden Sie sich einfach gerne? Na, kommen Sie raus mit der Sprache. Welches Schräubchen ist bei Ihnen locker?«

»Ah, du gehörst auch zu den Ungläubigen. Hab ich's mir doch gedacht.«

»Ungläubig?«

»Du magst Weihnachten nicht.«

»Das würde ich so nicht sagen. Das ist meine Hauptsaison. Ich produziere im Grunde nur fürs Weihnachtsgeschäft.«

»Und was gibt dir das?«

»Na, Geld. Existentielle Sicherheit. Das ist das, worauf es heute ankommt.«

»Hmhm. Was ist mit Wärme?«

»Dafür habe ich mir letztes Jahr einen Kamin einbauen lassen. Fünfzehntausend Euro.«

»Ah, wie schön. Ein Kamin. Passe ich da durch?«

»Keine Ahnung. Ich kenne die Maße nicht genau. Ich bin ja ständig im Büro.«

»Dann spürst du ja nie die Freude daran!«

»Ich spüre Freude, wenn die Zahlen stimmen.«

»Und diese Freude erwärmt dich?«

»Weihnachtsmann ... Was wird das? Ich war als kleiner Junge Messdiener. Reicht das nicht fürs Leben?«

»Sag du mir, ob's reicht?«

»Sie meinen, wenn ich mir eine sterbende Tanne ins Wohnzimmer stelle, erfüllt sich mein Leben mit warmer Freude und himmelhoch jauchzender Glückseligkeit?«

»Ein Versuch wäre es doch wert, oder? Was hast du zu verlieren?«

»Ich feiere schon lange nicht mehr. Feiern, was heißt denn feiern? Das kann ich das ganze Jahr haben – mit Freunden essen gehen.«

»Und wie feierlich sind denn diese Essen?«

»Na so feierlich, dass man sich nicht einsam fühlt dabei!«

»Ahaaa. Du meinst also, es ist gesellig? Feierlich genug, dass man in Gesellschaft ist, und gerade so feierlich, dass es einen nicht berührt.«

»Ich verstehe gerade nicht, was Sie mir sagen wollen. Kann aber auch an den Tabletten liegen.«

»Weil alle Welt sich an diesem Tag verabredet: harmonisch, gesellig, friedlich, fröhlich, selig, glücklich und vor allem den Weihnachtsgedanken zulassen.«

»Sehen Sie, lieber Weihnachtsmann, und all das liegt so schwer auf der Brust wie die Gans im Magen. Und deshalb lass ich es lieber. So viel Magenbitter kann ich gar nicht trinken.«

»Vielleicht drückt aber etwas ganz anderes auf deinen Magen? Natürlich ist das alles anstrengend, dieses Powern, die Knüppel, die Angst zu versagen. Aber vielleicht hilft dir auch das Weihnachtsgefühl, diesen Druck rauszulassen. Wie bei einem Schnellkochtopf…«

»Was wollen Sie eigentlich von mir?«

»Dass du dich besinnst, Tommy. Dass du dein Tempo

rausnimmst und dir in aller Ruhe die Zeit nimmst, mal hinzugucken. Was macht deine Freundin? Wie geht's deinen Eltern? Denkst du noch manchmal an die nette Nachbarin, die auf dich aufgepasst hat, als du klein warst? Jetzt wäre die richtige Zeit dazu …«

»Sie quatschen mich ganz schwindelig.«

»Das machen aber nun die Tabletten. Sich besinnen heißt doch auch, auf sein Gefühl zu hören. Wie geht es dir? Bist du zufrieden? Was könntest du ändern? Was ist aus dir geworden? Magst du dich? Wovor hast du Angst? Vor den ehrlichen Antworten?«

»Glauben Sie, die würden so schrecklich ausfallen?«

»Nein Tommy, ganz sicher nicht. Probier's aus. Deshalb bist du hier.«

»Sie meinen, ich sitze mit einem mir fremden Mann, der sich für den Weihnachtsmann hält, in einer Einrichtung, von der ich nie geglaubt hätte, dass ich sie in meinem Leben von innen sehen würde, damit ich mir Fragen beantworte, die ich mir nie gestellt habe? Wer sind Sie wirklich? Der Klinikleiter, verkleidet als Patient? Getarnt als Weihnachtsmann? Merkwürdige Methoden … Sorry, aber ich gehe jetzt ins Bett! Nette Plauderstunde. Alles Gute. Bis morgen früh!«

»Gute Nacht, Tommy.«

* * *

Mann, ich habe gut geschlafen. Und so lange. Zehn Stunden. Ach, wie schön, es hat geschneit. Hmm, komisch, genau das habe ich heute Nacht geträumt. Ja, jetzt erinnere ich mich wieder. Herr Claus auf dem Schlitten.

Vollbeladen mit bunt verpackten Geschenken. Und davor sieben Rentiere, an der Spitze die rote Nase. Und ich auf dem Beifahrersitz. Nein, wir sind nicht gefahren. Wir sind geflogen. Und mir war überhaupt nicht kalt. Oder schlecht. Es war einfach nur schön. Und ich habe mein Elternhaus von oben gesehen. Und unsere Nachbarin, mein Gott, ist die alt geworden. Ich habe ihr ein Geschenk durch den Kamin geworfen. Wahnsinn. Sie hat sich wirklich gefreut. Und ich mich auch. Ein warmes Gefühl. Das war wie früher, wenn meine Mutter mir den Kakao aus echter Schokolade kochte. Das hat sie nur zu Weihnachten gemacht. Das gibt's doch nicht.

»Guten Morgen, Herr Bahler. Alles gut? Wie geht es Ihnen? Wie haben Sie geschlafen? Wie fühlen Sie sich. Ich wollte Sie nur schon mal sanft wecken. Gleich ist Visite.«

»Guten Morgen, Schwester. Ist Herr Claus schon wach? Ich muss unbedingt.....«

»Och, das tut mir jetzt leid. Er ist heute Morgen entlassen worden. Ach, gucken Sie mal hier, das Zettelchen hat er für Sie hinterlassen.«

»Danke, Schwester.«

Irgendwie traue ich mich gar nicht, diesen Zettel auseinanderzufalten. Jetzt, wo ich bereit für Antworten wäre, ist es doch hoffentlich nicht zu spät. Mann, ich benehme mich jetzt echt wie ein Psycho. Das ist doch jetzt wirklich albern. Los jetzt … Trau dich. Guck hin.

Ich wünsche dir schöne Weihnachten, Tommy. Und denk dran – dein Kamin muss so groß sein, dass ich durchrutschen kann. Übrigens hat sich deine alte Nachbarin sehr gefreut, dass du sie endlich mal besucht hast. Jetzt erhol dich gut. Nächstes Jahr komme ich dich zu Hause besuchen. Und wer weiß, vielleicht kannst du mich ja dann sogar sehen ... ho, ho, ho!

Dein Santa Claus, Herr Claus.

Rudolph auf drei Beinen

15

Markus, sechsunddreißig

Oh, du fröhliche Weihnachtsfeier

»Sach du su mir. Ich bin der Markus, du Schnitte!« Man könnte meinen, es wäre ein Klischee. Aber ich schwöre, ich habe genau diesen Satz zu meiner Mitarbeiterin Birte gesagt. Eigentlich Frau Klarich. Und ich schwöre auch, dass ich sie schon immer ganz toll fand. Heute bin ich heilfroh, dass ich ihr diese Info in meinem Brauseschädel nicht anvertraute. Stattdessen hüpfte ich etwas unentschlossen und ungelenk um sie herum. Besonders zielgerade wirkte sie aber auch nicht mehr. Lag wahrscheinlich daran, dass sie zu diesem Zeitpunkt ähnlich angetütert war wie ich. Wie die meisten. Ich für meinen Teil werde überhaupt nicht mehr nüchtern. Und das seit exakt dreieinhalb Wochen. Da begann mein persönlicher Alkohol- und Weihnachtsfeiernrekord. Sieben Stück. So viel gab's noch nie. Und ich mittendrin. Seit ich befördert wurde, muss ich mich durch alle Etagen feiern. Da durchzusteigen ist komplizierter, als einen alten Stadtplan wieder zusammenzufalten. Erst feiert die gesamte Firma, dann lädt jede einzelne Abteilung ein, und anschließend splittert es sich wie Krokant in Filialen auf, die natürlich auch aufs Christkind anstoßen wollen. Selbstverständlich am liebsten auf Kosten der Geschäftsführung. Und überall treffen Jungs auf Mädchen, frustrierte Angestellte auf ihre Chefs, abgewiesene Bürohengste auf Sexbomben, enttäuschte Glatzenträger auf fünfundzwanzigjährige Karrieristen, faule Säcke auf fleißige Bienchen, Schleimer auf ernsthaft Interessierte. Und am allerschlimmsten: Kolleginnen auf Kolleginnen. Da kann man von geballter Energie sprechen! Und ich arme, dicke, blasse Wurst mittendrin. Ich bin Personalchef von diesem ganzen Ameisenhaufen.

Gerade auf Betriebsfesten ist es besonders schlimm: Da sind die Klamotten am hässlichsten, die Büfetts am schlechtesten, die Reden stinklangweilig und voller Lügen, die Mitarbeiter steif und desinteressiert, undankbar, nölig und beleidigt, dass man sie zu diesem Abend zwingt. Anwesenheitspflicht, will man nicht seinen Job aufs Spiel setzen. So scheint es – jedenfalls solange sie alle nüchtern sind. Ab 21 Uhr 30 – im Schnitt – ist es jedes Mal, als hätte man eine komplett neue Mannschaft eingeladen. Laut, ausgelassen, lustig, lüstern und von allem zu viel! Da grabscht der Müller aus der zweiten Etage der Meier aus der sechsten ungelenk auf oder in die Bluse. So genau nimmt das zu diesem Zeitpunkt schon keiner mehr. Mindestens einer liegt komatös betrunken in der Ecke und singt sich selber Weihnachtsliederchen. Irgendwo knutschen Paare, die sich morgen wieder nicht leiden können, und an einem Tisch sagt einer zu seinem Büroleiter etwas, was er ihm schon immer mal sagen wollte. Einer, der sich sonst nichts traut, ein Mitläufer, ein Spießer, der seinen grauen, unauffälligen Anzug von billigster Qualität gerade nass schwitzt und jetzt die

Macht des kleinen Mannes ausspielt: »Herr Krutsch, sie müffeln. Doll. Hat Ihnen noch keiner gesagt, ne? Sonst würden Sie ja nicht mehr müffeln. Aber wir, wir alle wissen, dass Sie müffeln. So, jetzt ist es raus!« Am nächsten Morgen wird er sich nur schemenhaft an dieses Gespräch erinnern, aber die Abmahnung wegen ständigen Zuspätkommens wird's ihm wieder schmerzhaft ins Gedächtnis spülen. Die Tücke der Weihnachtsfeier.

Die Programmpunkte sind auch sehr lustig: Mit meiner Rede geht alles los! Ich lüge wie gedruckt, beschönige Zahlen, garantiere allen Auszubildenden einen Arbeitsplatz, verspreche Gehaltserhöhungen in zweistelliger Prozentzahl und Parkplätze direkt vor der Tür, lobe das Büfett und die zu erwartende Abendunterhaltung. Der Applaus ist donnernd, und ich bete jedes Mal, dass keiner auf die Idee kommt, mal mitzuschneiden und es mir Ostern noch mal vorzuspielen. Ich gebe wirklich alles, um meinen Mitarbeitern dieses dusselige fusselige Weihnachtsgefühl zu schenken. Und dabei fühle ich mich nicht mal schlecht. Voraussetzung allerdings sind mindestens drei Schnäpse auf nüchternen Magen. Die knallen ja echt richtig!

Dann kommen die Alleinunterhalter. Zuerst stand da einer, der war ein echter Rock 'n' Roller. »Rolfs rollende Disco«. Ein Highlight! Er stellte seine rollende Diskothek in die Ecke, baute ein Mikro auf und sprang erstmal in den Spagat. Sensation! Gekleidet war er geschmacklos, und singen konnte er auch nicht. Was er aber leider immer wieder unter Beweis stellen musste. Mehrfach wechselte er seine schrecklichen Jacketts und sang völlig schief auf Elvis und Fats. Wieder einer, der es nicht geschafft hatte. Willkommen in unserem Betrieb!

Danach erlebte ich Klaus und Gitta. Klaus spielte auf einer Heimorgel, und Gitta sang dazu. Eine sechsundfünfzig Jahre alte Frau in einem ebenso alten Kleid trällerte »Ein bisschen Frieden«, die Hymne einer damals Sechzehnjährigen. Klang nicht so schön. Nur weil Weihnachten ist, muss man doch nicht alles rauslassen.

Auf der dritten Weihnachtsfeier musste ich stundenlang einem Kinderchor zuhören. Warum singen die denn nicht im Altersheim? Die engagierte Chorleiterin hätte sich wenigstens mal die Haare waschen können. Hoffentlich mag Birte so eine musikalische Darbietung nicht. Aber vielleicht mag sie Kinder? Meine Gedanken schweiften sehr privat ab. Nach drei Minuten war der Drops für mich gelutscht und die geplante Karriere der Sängerknaben aus meiner Sicht sowieso im Eimer. Mit Lehmann und Schroth aus der Finanzbuchhaltung habe ich es mir in der Raucherecke gemütlich gemacht und mal wieder richtig gute Männergespräche geführt. So etwas geht ja bei der Arbeit im laufenden Betrieb nicht. Wir haben uns festgequatscht bis vier Uhr morgens. Trotzdem hatte das alles fast etwas Besinnliches, denn die Kollegen hatten sich wirklich Mühe gegeben: Die Tische waren hübsch gedeckt, überall standen Kerzen, und die Lebkuchen waren sehr frisch.

Der nächste Abend gehörte wieder der Firma. Diesmal war ich in einer Filiale mit hoher Frauenquote. Eine Weihnachtsfeier, die mir mal so richtig Spaß machte. Das Beste war, dass die Dekolletees tiefer und die Röcke kürzer waren. Man ist ja auch nur ein Mann. Es ist auch Fingerspitzengefühl gefragt. Okay, die hatten sich alle hübsch gemacht, aber nicht für mich. Sondern für den Anlass – war ja auch feierlich. Wobei, bei der Schröder war ich mir nicht sicher. Die kokettierte ganz schön mit mir und wusste genau, wann sie wie die Beine übereinanderschlagen sollte. Ob sie allerdings wirklich mich oder die Versetzung in die nächste Gehaltsstufe meinte, wusste ich nicht. Wollte ich vielleicht auch nicht so genau wissen. Denn dieser Abend war tatsächlich ein ausgesprochen netter. Ich kam mir vor wie der Hahn im Korb. Und sie müssen ja auch irgendwann mal ihre ganzen Sorgen loswerden. Und wenn alles erledigt ist mit dem Reden, dann können die Mädels so richtig feiern. Ich hätte niemals gedacht, dass unsere recht preiswert eingekauften Schreibtische fünf tanzende Frauen aushalten würden. Respekt. Und wer sagt schon, Frauen können nicht untereinander. Der soll mal in diese Filiale kommen. Die hatten sich für ihr weihnachtliches Spaßprogramm einiges einfallen lassen. Ob ich allerdings den Stripper so passend für eine Firma fand, die Küchen- und Haushaltswaren vertreibt? Wenn ich ganz ehrlich bin, war ich auch ein bisschen peinlich berührt. Ich war dann doch ganz froh, dass Birte nicht dabei war.

Der letzte Abend vor dem privaten Weihnachtsfest war dann für die Chefetage reserviert. Die langweiligste Weihnachtsfeier von allen. Zehn Herren in Anzügen, festgenagelt an ihre Stühle, keine Musik, Reden schwingend, sich selber immer wieder Beifall gebend und einfach ohne jede Besinnlichkeit. Natürlich waren auch hier die Tische gedeckt, aber keiner schien es überhaupt nur wahrzunehmen. So trocken, nüchtern und unlustig begehen halt die Jungs eine solche Veranstaltung. Da sehnte ich mich direkt nach Kinderchor, Klaus und Gitta, der rollenden Disco und der süßen Birte. Während der Seniordirektor Dr. Fransen das letzte Jahr noch mal in epischer Breite zusammenfasste, fummelte ich mein Handy aus der Tasche und formulierte heimlich unterm Tisch eine SMS. An Birte. War ja Weihnachten. Herrlich. Manchmal braucht man eben ein paar Weihnachtsfeiern mehr Anlauf.

16

Die Weihnachtsverweigerer, die doch irgendwie feiern

Julia, fünfundzwanzig

Eine Freundin lud mich ein, mit ihr »Nicht-Weihnachten« zu feiern. So eine skurrile Einladung hatte ich noch nie bekommen. Ich tat mich ja schon schwer mit dem Wissen, wie man richtig Weihnachten feiert. Aber richtig »Nicht-Weihnachten« zu feiern, davon hatte ich gar keine Idee. Das Einzige, was sie uns schickte, war das Passwort: Ostern. Das war ja schon mal eine richtig abgefahrene Idee, fing aber direkt an, mir Spaß zu machen. Ich rief sie an und fragte eher unschuldig: »Wer kommt denn so?« Nicht dass ich mit ihr alleine dasitzen wollte. Dann wäre ich doch lieber zu meinen Eltern unter den spießigen Weihnachtsbaum gegangen.

»Du, irre viele. Die Hälfte kenne ich wahrscheinlich selber gar nicht.«

»Wer hat denn Lust, an Heiligabend *keine* Weihnachten zu feiern?«

»Mehr, als du denkst.«

Sie hatte recht. Wir waren ungefähr fünfzig Leute. So viele würden zu meiner Party nie kommen. So viele kenne ich nicht mal. Eine brachte Tulpen im Töpfchen mit, die sie extra für diesen Anlass gezüchtet hatte. Die Wohnung war konsequent voller Osterdekorationen. Zu essen gab's Lamm und Eis mit Erdbeeren. Keine Ahnung, wo die her waren. Wahrscheinlich wurden die in Holland in einem Gewächshaus mit viel Chemie und Hormonen hochgezogen. Ein wirklich bizarres Bild. Während draußen der Schneematsch schmolz, die Leute mit dicken Stiefeln und Schals durch die Kälte stapften und überall die Weihnachtsdeko leuchtete, machten wir hier auf Frühling. Das nenne ich echt mal Weihnachtsverweigerung. Das eine Fest damit verweigern, indem man das andere feiert. Ob die dann wohl Ostern Weihnachten nachholen?

»Bist du wahnsinnig? Nein! Hier geht's doch einfach nur darum, fröhlich, leicht, bunt, schrill und vor allem unbeschwert diese drei Tage zu überstehen. Und wie soll einem das besser gelingen als mit bunten Ostereiern und charmanten Osterhasen auf zwei durchtrainierten Beinen«, zwinkerte sie mir zu, während sie mir einen Caipi in die Hand drückte. Ja, das war wirklich schrill, Caipi an Heiligabend. Ich fand's ehrlich mal anders und vor allem für alle ohne Familie eine super Alternative. Wir haben bis morgens um fünf getanzt, und eine bessere Singlebörse kann ich mir auch nicht vorstellen. Es herrschte keine Traurigkeit, keine bleierne Schwere, keiner musste unnütze Geschenke auspacken, und keiner hatte schlechte Laune wegen zu erwartender Enttäuschungen. Nächstes Jahr bin ich wieder dabei. Gänsebraten und Rotkohl verschiebe ich auf die Feiertage. Fröhliche Ostern!

Sandra, dreiundvierzig

Wir sind Teil einer stolzen Minderheit – und das schon seit zehn Jahren. Nur etwa drei Prozent aller Deutschen verweigern Weihnachten. Wir gehören dazu. Jetzt ist es nicht so leicht, diesem Fest konsequent zu entgehen. Dazu braucht man erstens gute Argumente, zweitens eine resistente Familie, drittens genügend Kaltschnäuzigkeit, um sich gegen die massiven Weihnachts-Romantik-Gefühls-Angriffe von außen zu wehren, und viertens eine gute Idee, was man stattdessen mit diesem Abend anfangen kann. Alle üblichen emotionalen Täuschungsmanöver fallen ja weg. Shoppen geht nicht, da die Geschäfte geschlossen sind. Fernsehen fällt auch aus wegen Weihnachtsvollprogramm auf allen Kanälen. Restaurants, Diskotheken, Kneipen – zu oder vollgestopft mit Weihnachtswaisen oder Trauerklößen. Deshalb heißt unsere Devise: eintauchen in eine komplett andere Welt. Wir gehen ins Kino. Wir, das sind inzwischen ungefähr zwölf Leute. Freunde, Bekannte, Kollegen, Mit-Verweigerer. Wir treffen uns immer um 16 Uhr auf ein Käffchen und ein fettes Stück Torte. Fett wird der Abend sowieso – denn wir haben Chips, Nachos, Cola in XXL-Bechern, Eis-Konfekt und M & Ms in Klinikpackungsgröße dabei. Punkt 18 Uhr sitzt man in gemütlichen Sesseln im Dunkeln und steigt in die Werbung ein. Garantiert weihnachtsfrei. Denn dieses Kino ist eingestellt auf Leute wie uns. Und wir sitzen da mit Sicherheit nicht alleine – das Kino ist voll! Eine kultige Szene trifft sich, um diese Zeit auf ihre besondere Art und Weise zu erleben. Singles,

Paare, Familien mit halbwüchsigen Kindern, Kollegen, Freunde, Grüppchen, die vorher noch keine waren, usw. Obwohl wir ja drin sind, ist die Atmosphäre ein bisschen wie in einem Freiluftkino – beinahe schon sommerlich prickelnd, erfrischend. Wir wissen ja alle, was und vor allem warum wir's tun. Was wir nicht wissen ist, welcher Film gleich über die überdimensionale Leinwand flimmert. Von »Herr der Ringe« über »Verrückt nach Mary«, »Die Wüste lebt«, »Star Wars«, »Rocky Horror Picture Show« – alles ist drin, nur ungewöhnlich und unerwartet muss es sein.

Man kann natürlich unvorbereitet da hingehen. Aber man kann auch ein bisschen »Stimmung« mitbringen. Hübsch sind Plakate mit dem Slogan »Weihnachtsmann-freie Zone« oder »First of all: No X-mas«. Letztes Jahr gab's sogar ein Anti-Weihnachten-Julklapp. Jeder sollte seine persönliche »Scheußlichkeit« hübsch verpackt beisteuern: das hässlichste Geschenk, das schon seit Jahren in der hintersten Schrankecke vermodert, die kürzlich erhaltene geschmacklose Keramikvase vom Kollegen oder das Muscheldöschen vom Ostseeurlaub 1977. Zwischen zwei Filmen wurde dann »gewichtelt« – jeder durfte sich von dem Haufen ein Geschenk aussuchen. Ich habe übrigens eine besonders hässliche Kaffeetasse mit der Aufschrift »Guten Morgen, liebe Sorgen« und der Karikatur eines fragwürdigen Unterhemdträgers mit zerknirschtem Gesichtausdruck bekommen. Es war überhaupt nicht schön, aber total lustig. Die richtige Einstimmung auf den nächsten Film. Allerdings schlug mein Versuch fehl, dass Ding am Ende des Abends heimlich

»zu vergessen«. Mein charmanter Sitznachbar hat es mir hinterhergetragen.

Überhaupt lernt man sich hier schnell und unkompliziert kennen. Alle haben das gleiche Thema und die gleiche Stimmungstemperatur. Und irgendwie haben alle gute Laune, selbst wenn der Film gerade nicht den persönlichen Nerv trifft. Wurscht – denn Sinn und Zweck dieses Abends treffen auf jeden Fall den Nerv aller Weihnachtsverweigerer, die Eiskonfekt statt Gänsebraten gewählt haben, und am Schluss steht nicht nur auf der Leinwand »Happy End«.

Magdalena, neunundfünfzig

Fünfundzwanzig Jahre war ich verheiratet, habe Kinder großgezogen und mir zu Weihnachten die Hacken abgelaufen. Dann verließ mich mein Mann und nahm sämtliche Weihnachtstraditionen mit und die Deko. Ich war die Staubfänger los. Herrlich – endlich ich! Es begann eine wirklich gute Zeit. Seither fühlte ich mich kein einziges Fest einsam, traurig oder verlassen. Ich liebe es, mich Jahr für Jahr in ein neues Abenteuer zu stürzen. Alles darf sein, nur nicht das, was mich fünfundzwanzig Jahre lang begleitet hat. Ich bin hungrig nach Leben und bereit, den Hunger zu stillen. Voraussetzung ist, dass man selber die Initiative ergreift. Wer zu Hause auf seiner Couch darauf wartet, dass der Nachbar klingelt, die Freundin anruft oder der Kollegenkreis sich erbarmt, wird dabei mit Sicherheit alt, grau und vor grausamer Langeweile sterben. Nur Eigeninitiative kann glücklich machen.

So habe ich schon auf spektakulärste und einzigartige Weise meine Feste *nicht* gefeiert. Mal war ich bei einer Armenspeisung dabei, mal saß ich bei einem Luxusdinner in Prag, dann wieder genoss ich erst Miracoli und anschließend eine heiße Liebesnacht. Ich habe getanzt, geschlafen, gefaulenzt, mich gesonnt und geliebt. Und ich hatte nicht eine Sekunde ein schlechtes Gewissen, wenn ich mich meinen Kindern verweigerte. Die beiden sind gut versorgt und brauchen weder meine Anwesenheit noch meine besinnliche Unterstützung. Im Gegenteil – irgendwie finden sie es cool, was ihre Mutter da treibt. Und ich bin stolz auf meine Jungs, dass sie mich lassen.

Das, was jetzt hier alles so leicht und selbstverständlich klingt, musste ich allerdings auch erst üben. Allein an einem leeren Strand bei fünfunddreißig Grad zu sitzen, während zweitausend Kilometer entfernt die Enkelkinder Geschenke auspacken, kostete zunächst schon Überwindung. Aber ich hab's ausgehalten, und das war das größte Geschenk an mich selber. Noch nie habe ich mich so unabhängig gefühlt. Doch genau das bin ich – inzwischen. Meine Freundinnen, die über die vergangenen Jahre ähnliche Lebenswege gingen, beneiden mich um diese Unabhängigkeit. Denn die bedeutet Freiheit und eine bewusste Entscheidung auch bewusst genießen zu können. Das macht Spaß. Probieren Sie es mal aus. Trauen Sie sich.

Es ist alles offen, und das Leben bietet einem so viel. Man muss es nur annehmen und den Mut haben, mal nicht so ausgetretene Pfade zu gehen. Faulheit und Lethargie sind natürlich Feinde dieses Motors. Wäre das nicht toll, sein ganzes Leben so zu gestalten? Das ist unrealistisch, ich weiß. Aber an Weihnachten kann man sich ruhig mal dieses besondere Geschenk machen. Man tauscht es auch garantiert nicht um. Und wer weiß, vielleicht verbringe ich diese Zeit nächstes Jahr bei meinen Kindern und den Enkeln. Das wäre dann auch mal wieder etwas ganz Besonderes. In diesem Sinne.

Ludwig, zweiundfünfzig

Das ganze Jahr über würde ich mich dafür schämen, aber am 23. Dezember ist es erlaubt: bei der Landung applaudieren! Dann liegen nämlich geschätzte sechstausend Kilometer Luftlinie zwischen uns und der Wohnung in Schwerin. Weihnachten in der Karibik, was Besseres gibt es einfach nicht. Während ihr Trottel kurz vor Herzinfarkten oder Nervenzusammenbrüchen steht, prallt mir die Sonne auf den Leib. Wie kann man nur so blöd sein und sich seine Schwiegermutter freiwillig an den Tisch setzen und seine ganze Kohle verbraten, um alle satt zu kriegen? Meine Schwalbe und ich wollen von all dem nichts mehr wissen und drehen dem nasskalten Deutschland schon zum dritten Mal den Rücken. In Schwerin liegt ja nicht mal vernünftig Schnee, und trotzdem frieren einem die Zehen ab. Wir haben uns entschieden: im Sommer Balkonien in MeckPom, im Winter Poolnudeln in der DomRep. Hinzu kommt, dass ich diesen ganzen Weihnachtsfirlefanz nicht mehr sehen kann. Diese verkitschten Girlanden, diese fetten Engel, dieses viele Essen. Du kommst ja nicht mehr dran vorbei – selbst auf dem Klopapier begrüßt dich ein röhrendes Rentier.

Gut, zuerst musste ich meine Olle überreden. Sie mochte das ja immer ganz gerne. Die hat auch alles gekauft, selbst das Klopapier. Aber mit einem ordentlichen Sommerurlaub im Winter konnte ich sie dann schon locken. Da kann sie doch all ihre hübschen kurzen Kleidchen noch mal anziehen und muss nicht ein Jahr warten. Nach drei Wochen Karibik sieht man nicht nur besser aus als alle anderen, dann ist auch der Restwinter nicht mehr so lang. Und es ist ja nicht so, dass ich meiner Frau einen Survival-Urlaub zumute. Nee, nee. All inclusive. Das lasse ich mir schon etwas kosten. Morgens, mittags, nachmittags und abends Büfett, kleines Unterhaltungsprogramm, Animation am Pool und Cocktails, bis man nicht mehr kann. Wir sind auch nicht alleine. Inzwischen trifft sich immer eine Truppe von mindestens achtzehn Leuten aus ganz Deutschland. Da sind schon richtige Freundschaften draus geworden. Wir sehen uns sonst nicht, aber hier lassen wir es richtig krachen. Und keine Spur von Weihnachten, meine Lieben. Am Vierundzwanzigsten liegen wir bis 17 Uhr am Strand, danach unter die Dusche, dann machen wir uns fein und gehen zum Abendbrot.

Na gut … So eine kleine Spur Weihnachten gibt's dann doch. Meine Frau kann's nicht ganz lassen. Sie hat tatsächlich eine kleine Plastiktanne zum Aufstellen mitgeschleppt, verpackt zwischen Kulturbeutel und Badelatschen. Nicht größer als dreißig Zentimeter, mit winzigen elektrischen Kerzen und so kleinen Kugeln, dass sie das

Wort gar nicht verdienen. Tja, das führt natürlich zwangsläufig doch zu einer gewissen Erwartung auf was Funkelndes. Bei aller Ignoranz diesem Fest gegenüber, darauf besteht meine Frau: Sie will ein Geschenk. Ist ja auch richtig so. Schließlich arbeitet sie das ganze Jahr hart dafür und hat es sich auch verdient. Dieses Jahr ist es eine kleine Goldkette fürs Fußgelenk. Echt schick. Ich habe Zigarren bekommen – passt auch zur DomRep, nebenan ist ja Kuba.

Und so gehen wir dann beeindruckend zurechtgemacht mit Zigarre zwischen den Fingern und glitzernder Kette am Bein zu unseren Weihnachtsfreunden. Ja, die staunen nicht schlecht. Man soll sich ja auch nicht lumpen lassen, ist doch nur einmal im Jahr Weihnachten, selbst hier in der Karibik. Ein bisschen schadenfroh denken wir an die, die sehnsüchtig am Vierundzwanzigsten auf Schnee warten. Für die singen wir dann, mit einem bunten Cocktail in der Hand »Leise rieselt der Schnee«. Dann lassen wir die Puppen tanzen. Ach, immer wieder schön hier. Jetzt müssen Sie aber nicht neidisch sein. Der nächste Flieger in die Sonne steht schon in Startposition. Sie müssen sich nur noch anschallen. Na, und bezahlen natürlich. Gute Reise!

Hartmut, dreiundsechzig

Das ist mir jetzt wirklich peinlich, die Geschichte. Aber sie ist einfach so passiert. War nicht geplant. Ich war die letzten Jahre Weihnachten immer alleine, und das war auch in Ordnung. Seit Helga ausgezogen ist, messe ich dem ganzen keine besonders große Bedeutung mehr bei. Im letzten Sommer eröffnete in der Etage unter mir ein neues Geschäft. Ein so genannter Club. Da arbeiten nur Frauen, und Männer kommen die Damen besuchen. An der Tür das große Schild »Lady Nina«. Seitdem gibt's keine Parkplätze mehr bei mir in der Straße. Scheint gut zu laufen, das Geschäft.

Heiligabend mittags traf ich dann die nette Frau Nina im Treppenhaus. Eine sehr hübsche Frau. Jetzt hatte es mich mal gereizt zu fragen, was die Damen dort eigentlich verkaufen oder anbieten. Kosmetik vielleicht? Meine Helga ist auch immer regelmäßig zur Kosmetikerin gegangen.

»Stimmt, Herr …«

»Sagen Sie Hartmut zu mir. Meinen Nachnamen kann sowieso keiner aussprechen!«

»Gut, Hartmut. Sie haben uns ja überhaupt noch nie besucht!«

»Ja, wenn ich denn wüsste, was es bei Ihnen gibt, liebe Frau Nina. Dann wüsste ich auch, ob ich bei Ihnen etwas erwerben könnte, was mir gerade im Schrank fehlt.«

»Na, vielleicht nicht gerade im Schrank. Was machen Sie denn heute Abend? Ist ja Weihnachten, und Sie leben doch ganz allein.«

»Ja, aber ich mache mir nichts aus dem ganzen Firlefanz. Es laufen ja ausgesprochen gute Filme heute Abend.«

»Wissen Sie was, ich mache auch nichts Besonderes. Aber wir können den Abend ja zu etwas Besonderem werden lassen. Kommen Sie mich doch einfach besuchen!«

»Ja, geht denn das? Wir kennen uns doch kaum. Das ist mir aber unangenehm. Aber sehr aufmerksam von Ihnen.«

»Jetzt machen Sie sich mal nicht so einen Kopf. Um 20 Uhr gibt's die Bescherung.«

»Aber ich habe doch gar nichts für Sie!«

»Das, was ich habe, reicht für uns beide.«

Hui, hui, hui, hui, hui. Das war eine ganz besonders schöne Bescherung. Jetzt weiß ich auch, was da so im Angebot ist. Neben dem Champagner und den Häppchen. Ein Abend den ich ganz sicher nicht vergessen werde. Sehr oft werde ich es mir nicht leisten können, denn das da war ja wirklich ein Geschenk von Frau Nina. Aber ich werde sie wohl mal wieder besuchen, muss ja nicht mal einen Parkplatz dafür finden. Das nenne ich mal Nachbarschaftshilfe der besonderen Art.

Kathleen, fünfundzwanzig

Ich bin erst im Oktober hierhergezogen. Ein neuer Job, eine neue Stadt, neue Menschen. Und genau das ist ein wenig problematisch – die Menschen sind hier alle noch so neu für mich, dass ich sie unmöglich fragen kann, ob sie wohl Lust hätten, mit mir gemeinsam auf das Christkind anzustoßen. Meine Eltern waren ziemlich sauer, als ich den Job in der Werbeagentur angenommen hatte. Aber für mich ist es eine große Chance, der erste richtige Schritt auf der Karriereleiter. Ich sitze gerade an einem großen Auftrag, deshalb will ich auch an den Feiertagen arbeiten. Außerdem habe ich mir meine Freiheit so sehr gewünscht und erkämpft, dass ich jetzt unmöglich gleich wieder in Mamas Schoß krabbeln kann – nur weil Weihnachten ist. Um zu verhindern, dass meine Eltern mich holen kommen, habe ich ein bisschen geschwindelt und ein paar Freunde erfunden, mit denen zusammen ich am Vierundzwanzigsten den Abend verbringen würde. Sie haben es mir geglaubt. Die Freude darüber war dennoch gedämpft. Und jetzt sitze ich hier alleine. Zuerst fand ich das auch nicht weiter tragisch. Ein Abend wie jeder andere. Ich könnte die restlichen Umzugskisten auspacken. Komme ja sonst nicht dazu.

Ich fühlte mich so gut, heute Mittag noch. Und jetzt fühle ich mich ein bisschen »autsch«.

Gerade in so einer Werbeagentur sind ja alle so hip und so dabei und so trendy. Höher, schneller, weiter – selbst zu dieser Zeit. Die haben sich schlichtweg überschlagen mit ihrem Weihnachtsprogramm. Da gilt man als unsozial und schwer vermittelbar, ein Freak, wenn man nicht einen Eventkatalog vorzuweisen hat. Die machen sich dafür doch glatt noch ein Schedule, um nicht den Überblick zu verlieren. Hätte nur noch gefehlt, dass die mir ihre Feiertage als Powerpoint-Präsentation vorstellen. Tja, und ich? Ich habe schön die Schnauze gehalten. Außerdem war mir auch nicht klar, was ich erzählen sollte. Ehrlich? Ich habe auch gar nicht darüber nachgedacht. Heute ist der 22. 12., ich sitze alleine zu Hause an meinem Laptop und merke, dass ich mich jetzt schon sehr unwohl fühle, so alleine. Also suche ich Kontakt im Chat. Das mache ich immer, wenn ich Heimweh oder so habe.

Dann ist man gleich nicht mehr so alleine. Ich schreibe:

HoHoHo123 schreibt:
»Hallo, Leute. Kann mir mal einer erklären, wie man Weihnachten würdevoll und ohne Einsamkeitsschübe verbringen kann, wenn man neu ist in der Stadt und niemanden kennt?«

Chrissi17 schreibt:
»Mensch, HoHoHo123. Mach dir doch keine Platte. Hol dir doch einfach eine Tüte Pommes, ein paar Grusel-DVDs und chille. Ist doch cool. Geil, hätte ich auch gerne. Ohne Geschrei von meiner Mutter.«

Ich will gerade antworten, da kommt schon der nächste Vorschlag. Vielleicht ist der ja konstruktiver und ein bisschen erwachsener.

Annaswort schreibt:
»Liebe HoHoHo123. Ich kenne diese Gefühle. Es ist nicht wirklich lustig, aber da musst du jetzt durch. Auf keinen Fall hat das was mit Würde zu tun. Du hast es dir ja nicht ausgesucht. Du sollst einfach nur wissen, dass du nicht die Einzige bist, die übermorgen alleine abhängt.«

Das tröstet mich jetzt nur halb.

partyinthehouse schreibt:
»Geh doch ins Roxies. Die machen eine wirklich coole X-mas-Party. War letztes Jahr schon da. Ist entspannter bei Büfett und House-Musik als bei Mutti aufm Sofa, zwischen den Omas. Geht echt gut ab. Mach mal, vielleicht

treffen wir uns. Ich bin der Typ mit dem roten Hemd und der schwarzen Röhre.«

House! Ich hasse House! Meine Laune rutscht gerade ab, als folgende hübsche Idee kommt:

Amors Pfeil schreibt:
»Hallo, HoHoHo123, man muss doch gar nicht alleine sein. Ich betreibe eine Online-Single-Börse, und wir sind noch auf der Suche nach Menschen wie dir! Hey, ist das nicht toll? Hier warten lustige, tolle, gut situierte Herren auf dich. Klick einfach nur auf meinen Namen, dann bist du sofort auf unserer Page. Wir freuen uns auf dich.«

Ach du Scheiße. Nein, das war nicht meine beste Idee. Während ich noch überlege, wie ich freundlich auf all die durchaus nett gemeinten Ratschläge reagieren soll, klingelt mein Handy. Jürgen! Mensch, wie lange ist das schon her? Das gibt's doch nicht. Der Jürgen! Der Name war schon immer bescheuert, aber der Typ war klasse. Was, der lebt jetzt auch hier in Berlin? Wer sagt's denn! Dann sind ja gar nicht mehr alle so neu hier. Ach, frisch geschieden? Das klingt ja fast wie ausgedacht. Nö, ich hab noch nichts vor. Sehr gerne. Bei dir? Okay, ich bringe die Nachspeise mit. Ja klar, deinen Lieblingsschokopudding mit selbst gemachter Vanillesauce. Zum Glück habe ich das Rezept im Kopf.

HoHoHo123 schreibt:

»Liebe Leute. Vielen Dank für eure wirklich super Tipps und eure Aufmunterungen! Ich feier doch nicht allein. Lustig. Hat sich doch gerade ein Uralt-Bekannter gemeldet. Da hat doch das Christkind seine Hände im Spiel gehabt, oder? Lach. Frohes Fest.«

So ein Blödsinn. Da will man schon einmal wie eine Erwachsene alleine mit sich sein, und dann so was! Da weigere ich mich einmal, auf Familie zu machen, und nun kommt Jürgen. Der Arme. Ganz alleine. Das kann ich natürlich unmöglich verantworten. »Last Christmas, I gave you my heart …«

Zugeknöpfter Schneemann

17

Kevin, fünf

Weihnachtsbetrachtungen eines kleinen Klugscheißers

Ja, ja, es ist immer alles nur für die Kinder, was wir veranstalten. Hat sich aber schon mal irgendjemand Gedanken darüber gemacht, ob unsere Kinder den Quatsch glauben, den wir Ihnen erzählen? Kevin Mustermann zum Beispiel könnte angesichts des ganzen Zinnobers Folgendes dazu sagen, könnte er schon richtig reden:

Leute, ich spiel das Spiel mit. Jaaa, den Weihnachtsmann gibt es – wirklich! Klar! Mal heißt er Herr Müller-Stube, mal auch Onkel Klaus, manchmal auch Papa. Im letzten Jahr kannte ich den Namen des Herrn nicht – ich vermute, meine Eltern bemühten jemanden vom studentischen Weihnachtsmanndienst. Seit ich das Wort »Weihnachtsmann« aussprechen kann, weiß ich, dass das alles eine große Verarsche ist. Man muss sich doch nur mal überlegen, wie wenige Nanosekunden der Weihnachtsmann nur Zeit hätte, wenn er bei jedem Kind auf der Welt durch den Kamin krauchen würde, um Geschenke abzulegen! Mal ganz abgesehen davon, dass der Typ aufgrund seiner Figurprobleme sowieso im Schornstein steckenbliebe.

Unter uns – ich fange bereits im Frühherbst mit der Erstellung eines Wunschzettels an; ich nenne ihn intern »Bestellliste«. Muss ja keiner wissen. Ich verfolge zu diesem Zweck natürlich sehr intensiv die Werbung in den einschlägigen Fernsehprogrammen, wie z. B. Super RTL. Leider ist die Information über Produkte der Spielzeugindustrie auf dem politisch wohl korrekteren Kinderkanal eher spärlich. Was schade ist, da gerade zur Vorweihnachtszeit das Ideenpotential der Hersteller für uns Endverbaucher, also die Kinder bis ca. vierzehn Jahre, einen unschätzbaren Wert darstellt. Okay, die haben ja auch was davon. Schließlich sind wir Kinder die Kraft, die durch unsere Wünsche und das ständig schlechte Gewissen der Elterngeneration dafür sorgt, dass die Weltwirtschaftskrise wenigstens zu Weihnachten pausiert.

Gut, der Preis ist hoch. In den letzten Wochen vor Weihnachten muss ich mich echt zusammenreißen. Meine Eltern bestehen nämlich nicht nur auf das Zitieren eines stets neu erlernten Weihnachtsgedichtes, ich muss auch die sehr lästige Frage beantworten: Warst du denn brav? Bitte definieren Sie brav! Brav im Kindergarten, da ich meinen gleichaltrigen Kumpels in der Maikäfer-Gruppe nicht das Spielzeug entwendet oder auf den Kopf gehauen habe? Brav, weil ich nachts inzwischen durchaus auf meine Windel verzichten kann und dabei sogar meine Eltern durchschlafen lasse. Oder brav, weil ich dieses ganze Theater mitspiele und damit meinen Eltern, Onkels und Tanten, Großeltern und Nachbarn die Chance gebe, diesem Fest einen Sinn zu verleihen. Denn Kinder machen Weihnachten erst wirklich zu dem, was es ist: das Fest der Liebe, der Familie, der Harmonie.

Wenn es klingelt, weiß ich, der große Moment ist gekommen. Für meine Familie. Mein Part dabei ist relativ überschaubar, ich muss nur mitmachen. Das Drehbuch ist vorgegeben. Ein fremder Mann mit rotem Mantel und Bart – eine für diese Jahreszeit nicht besonders kreative oder ausgefallene Wahl der Garderobe – betritt unsere Wohnung. Ich verstecke mich pseudoängstlich hinter dem rechten Oberschenkel meiner Mutter, um ihr und den anderen zu demonstrieren, dass ich an den Kerl glaube. »Ho, ho, ho«, sagt er mit tiefer gelegter Stimme, und es klingt wirklich ein bisschen beängstigend. Blöd, ausgerechnet jetzt müsste ich mal. Es kann aber auch einfach nur das Lampenfieber sein, denn die nächsten zwanzig Minuten gehört die Bühne nur mir – alle starren mich an. Mit entzücktem Lächeln verfolgen sie, wie ich mich von Geschenk zu Geschenk in Ekstase schaukle, durch glänzende Papierberge wühle und juchze, dass es nur so eine Freude ist. Ich weiß, was von mir erwartet wird. Und ich spiele meine Rolle perfekt. Höhepunkt ist regelmäßig, wenn meine Tante Julia einen Schnaps verlangt, weil sie so zu Tränen gerührt ist ob der grenzenlosen Euphorie, die ich ausstrahle, dass sie nur noch Alkohol beruhigt. Auch meine Eltern sind gottfroh, dass ich so ein dankbares Kind bin.

Das beinhaltet natürlich auch, dass es meine Eltern verstanden haben, meine Bestellliste vernünftig abzuarbeiten. Da gibt es keine Beschwerden. Wir sind ein durchaus eingespieltes Team. Okay, ein bisschen Schwund ist immer dabei. Dazu gehört zum Beispiel, dass meine Oma nicht begriffen hat, dass ein Markenartikel nicht durch eine sehr viel billigere Kopie zu ersetzen ist. Nintendo DS heißt Nintendo DS. Und bedeutet nicht eine Version, die sie günstig bei ihrem Lebensmittel-Discounter an der Kasse gefunden hat. Wenn ich erst richtig sprechen kann, werde ich es ihr bei Gelegenheit vermitteln. Ich habe ja noch ein paar Jahre Zeit.

Ich weiß, Eigenlob stinkt, aber was ich wirklich verdammt gut draufhabe, ist der Unterhaltungsfaktor. Ein echter Entertainer in Anzug und mit Lackschuhen – Gott, wie mir das steht! Da stehe ich dann vor meinem Publikum, im Rücken den Baum, die Kameras alle auf mich gerichtet, im Scheinwerferlicht der Kerzen und zelebriere mein Dankeschön an alle.

»Lieber guter Weihnachtsmann, schau mich nicht so böse an. Stecke deine Rute ein, ich will auch immer artig sein!« Ein guter Moment! Brandender Applaus, Standing Ovations, Tränen.

Eigentlich sollte ich diesen Moment nutzen, um über neue Schlafengehzeiten zu diskutieren. Stattdessen fordert mein Publikum immer mehr.

»Kevin, sag doch mal H A L L E L U J A!«

Oh, nein, das kann meine Mutter unmöglich von mir verlangen. Ich hab doch schon alles gegeben. Sie weiß genau, dass ich mit diesem Wort an meine Grenzen stoße. Sie findet es süß! Ein Sprachfehler! Ich finde es nur diskriminierend, bloßstellend, würdelos. So auf meiner Schwäche herumzureiten.

Okay, es ist Weihnachten, und die anderen sollen ja auch glücklich an alles glauben.

»Hallleeeluuujaaa« – ist das schön, wenn sich alle so herzerfrischend und lautstark freuen!

Der falsche Weihnachtsmann verschwindet wieder aus meinem Leben – aber der glückliche Glanz in den Augen der Erwachsenen bleibt. Was ich denen immer wieder für Freude mache. Wenn ich nicht da wäre, wären sie jetzt schon betrunken oder zerstritten. Papa sagt immer, dass die anderen mir viel zu viel schenken. Entschuldigung bitte! Aber die Anzahl dürfte ich mir ja wohl verdient haben. Wie man am Verlauf des heutigen Abends wieder sehen kann.

Wenn ich da an letztes Jahr denke, war ich es ja wohl auch, der die Meute wieder beruhigte, obwohl ich es gerne noch bis auf den Höhepunkt getrieben hätte. Meine Eltern hatten die dickbusige Nachbarin eingeladen, weil die ja gerade niemanden hat. Und Onkel Max fand die Idee riesig. Nicht nur die dicken Dinger, auch die Nachbarin selber schien ihm zu gefallen. Was bei Tante Julia überhaupt nicht gut ankam. Da gab's Stimmung, und sie hat ihm dann mit meinem neuen Kinderatlas die Frisur umgestaltet. Muss ziemlich wehgetan haben. Das wäre unter Umständen beinahe eine Massenschlägerei geworden, weil sich darüber nämlich noch Mama und Papa zu streiten anfingen. Mein Papa nahm die dicke Nachbarin und Onkel Max in Schutz, was meine Mutter völlig falsch verstanden hat. Ich hatte dann die zündende Idee: Ich setze mich unter den Weihnachtsbaum, hübsch dekoriert zwischen all den Geschenken, und fing fürchterlich an zu weinen. So laut hatte ich es schon lange nicht mehr drauf. Sofort war die Aufmerksamkeit wieder bei mir. Klar, streiten an Weihnachten und dann noch vor dem Kind? Das geht natürlich gar nicht, auch wenn es in jedem zweiten Haus so passiert. Um die Leute wieder auf einen normalen Pegel zu kriegen, habe ich die neuen Bastelanleitungen gerecht an alle verteilt – auch an die Dicke. Sie wurde von mir für die Playmobil-Tankstelle eingeteilt. Daran hat sie dann auch eine Stunde geschraubt. Pädagogisch eine gute Idee von mir und intellektuell eine sehr große Herausforderung für sie. Das hat alle abgelenkt – Onkel Max war sowieso damit beschäftigt, meinen Kindercomputer zu konfigurieren. Ich sollte in Erwägung ziehen, später eine diplomatische Laufbahn einzuschlagen.

Später. Jetzt hab ich noch andere Aufgaben: Ich bin auf der Welt, um meine erwachsene Familie durch meine Augen Weihnachten sehen zu lassen. Und wenn ich die nächsten zehn Jahre noch so funktioniere, haben wir alle eine gute Zeit vor uns. Hallleeeluuujaaa!

18

Michaela, fünfundvierzig

Zwischen Frühstück und Gänsebraten

Es war mal wieder so weit – erster Weihnachtsfeiertag. Meine Eltern packten den Kofferraum voll. So voll, dass der Wagen in die Knie zu gehen drohte. Die kauften Sachen, die wir uns selber zu Hause nie geleistet haben: Käse und Rotwein, frisches Baguette, Oliven, Dosen mit Spargelcremesuppe und kistenweise Obst und Gemüse. Ananas, Kokosnüsse, Bananen, Papayas, Mangos und Sorten, die ich nicht aussprechen konnte. Dazu Berge von Kaffee und Perlonstrümpfen, Jeans und Spielzeug. Da hörte bei mir immer die Freundschaft auf. Warum bekam meine Cousine Jana das Gleiche wie ich? Ich war zwölf, und seit es erlaubt war, von West- nach Ostberlin zu reisen, erlebte ich mindestens einen Weihnachtstag »drüben«. Bei meinem Onkel, meiner Tante, Jana und meinem Cousin Peter. Es war jedes Mal ein Abenteuer. Nicht nur der volle Kofferraum musste durch die Grenzkontrollen an der Bernauer Straße gebracht werden – es durfte auch keiner merken, dass Spiegel, Stern und irgendwelche Frauenzeitschriften, die alles andere als sozialistisch korrekt waren, im Kofferraum, versteckt unter alten Decken, auf wissbegierige und nach objektiven Informationen dürstende Schwestern und Brüder warteten.

Papa war meistens recht lässig, während meiner Mutter die Angst des Laienschmugglers in den Augen abzulesen war. Stundenlanges Warten an den Grenzkontrollen, Durchleuchten des Autos, Rumgestochere mit Stöcken im Tank, Zwangsumtausch, dazu die düsteren Blicke der Polizisten, die alles andere waren als »Freunde und Helfer«. Aber zum Glück ging immer alles gut. Wenn wir dann endlich da waren, wurden die Schätze hochgeschleppt in den dritten Stock, vorbei an den Blicken neugieriger Nachbarn. »Das ist der Blockwart«, sagte meine Tante und nickte in Richtung eines kleinen, knubbeligen Mannes im grauen Kittel.

Natürlich hatten Onkel und Tante auch einen Weihnachtsbaum. Ich fand ihn so hässlich.

»Da staunste, wa?«, kündigte Onkel Klaus stolz an. »Selbst geschlagen im Stasi-Wald!« Dabei lachte er laut, und ich verstand nichts. »Da gehen sonst die Genossen Pilze sammeln, Rainer!«

»Aber warum denn wieder nur eine Kiefer?«, fragte meine Mutter dann stirnrunzelnd.

»Die Tannen waren schon abgesägt!«

»Wieso ist denn das Lametta so schrumpelig?«, fragte ich kritisch mit Blick auf das verkrüppelte Bäumchen.

»Hat deine Tante dieses Jahr nur sehr kurz aufgebügelt. Wir hatten ja keine Zeit.«

Ich sah meiner Mutter ratlos in die Augen »Mama, du bügelst nie unser Lametta!«

»Nein, meine Süße. Wir kaufen es ja auch immer neu! Hier Blei, bei uns Aluminium!«

»Hä?«

»Egal, Muckelchen. Hauptsache, Lametta!«

»Aber ich habe schon wieder einen Schlag bekommen!«, maulte Jana.

»Um Himmels willen«, Mama war schneller als die Feuerwehr.

»Keine Sorge, Uschi. Liegt nur am Polyesterpullover. Das verträgt sich nicht mit unserem aufgeladenen Lametta. Bist du schon wieder zu dicht an den Baum gegangen? Du weißt doch, wie das ist.«

»Pppppfffffrrrrrr …« Ich konnte meine Abneigung gegen dieses sonderbare Lametta, das nicht nur grundgefährlich, sondern auch noch echt abscheulich war, nur schwer unter Kontrolle halten.

»Klappe, Michi. Ist eben ein bisschen anders hier, aber auch schön: Hast du die Pyramide gesehen aus dem Erzgebirge? Oder den hübschen Schwibbogen?«

»Was ist denn ein Schieppbogen?«

»Nein. Schwibbogen! Zweimal b in der Mitte, Kleines.«

Onkel Klaus erklärte, dass es sich um eine typische Sägearbeit handelte. Schlagartig verließ mich jedes Interesse an erzgebirgischer Weihnachtsschnitzkunst.

Während die Erwachsenen den Tisch üppig deckten, näherte ich mich vorsichtig meinem Cousin und meiner Cousine – wir hatten uns das letzte Mal vor einem halben Jahr kurz auf deren Datsche in Rangsdorf gesehen. »Hier. Für dich.« Peter drückte mir ein Gebilde aus Schokolade in die Hand. »Ein Weihnachtsschokoladen-Hohlkörper!«, sagte er stolz.

»Was?«

»Na, ein Schokimann«, übersetzte Mama schnell.

»Aha«, sagte ich und biss ihm den Kopf ab. »Der schmeckt aber komisch. So nach … Mehl!«

»Dann ist doch alles in Ordnung. So schmecken die immer«, beruhigte mich Tante Margit.

Auf dem Tisch stand eine große Schale mit Orangen.

»Oh«, sagte Mama. »Habt ihr das aus dem Delikat oder Intershop? Ihr hattet ja noch Westgeld von unserem letzten Besuch.«

»Ach, die sind selbst bei uns an Weihnachten keine Bückware. Die kommen aus Kuba. Pass aber auf, die haben ganz schön viele Kerne. Und schmecken tun die auch eher nach Gummi als nach Apfelsinen. Wir haben gleich ein paar Kilo mehr bekommen. Auf diese Weise können wir auch die Verwandtschaft in der restlichen Republik mit Südfrüchten versorgen. So was gibt's dann eben nur in Berlin in der Menge. Der Gemüsehändler kriegt dafür im Sommer wieder Kirschen aus unserem Garten.«

»Die sehen ja aus wie meine Flummis«, kicherte ich aus einer Ecke.

Plötzlich schepperte es so merkwürdig. Einer der Äste, an dem gleich zwei Kugeln hingen, fiel vom Baum.

»Mann, Kinder, passt doch auf. Ach herrjeh, Klaus. Hast du wieder am Kleber gespart?«

Wir hatten Einkriege um den Baum gespielt, und ich war aus Versehen dagegengestolpert.

»Na ja«, versuchte Klaus die Misere zu erklären. »Die Kiefer war wirklich sehr hässlich. Da haben wir einfach ein paar Äste, die wir im Wald gefunden haben, an die dürren Stellen gepappt. Zum Glück hatten wir noch Klebstoff. Ist ja auch oft genug Mangelware im real existierenden Sozialismus.« Dabei grinste er und nahm sich selber auf die Schippe.

Zum Glück kam jetzt der Wodka auf den Tisch, und die Erwachsen hatten den Spaß ihres Lebens. Meine Cousine und ich schmissen uns vor die Schwarz-Weiß-Glotze. Während sie lieber »Bonanza« im West-Fernsehen sehen wollte, guckte ich mit Hingabe die große Weihnachtsshow »Zwischen Frühstück und Gänsebraten«. Keine Ahnung, warum ich die so klasse fand, vielleicht lag's am Fernsehballett. Anschließend beglückte uns das Fernsehen der DDR mit Professor Flimmrich und seinen Märchenfilmen: »Drei Nüsse für Aschenbrödel« und irgendwas mit der Hexe Baba Jaga. Väterchen Frost lief da durchs Nachmittagsprogramm, und die Welt war irgendwie in Ordnung.

Papa und Onkel Klaus kannten sich schon seit mehr als zwanzig Jahren – und vertrauten sich auch. Das war zu der Zeit nicht unbedingt an der Tagesordnung, wie ich Jahre später erfuhr.

»Und?«, fragte mein Vater, »wart ihr wieder in der Kirche?«

»Selbstverständlich!«

»Na, so selbstverständlich ist es bei euch ja nicht. Die DDR und die Kirche verbindet ja nicht zwangsläufig eine große Liebe!«

»Ach, Weihnachten werden wir doch alle heilig«, sagte Onkel Klaus und zwinkerte mir fröhlich zu.

Damit war dieses Thema vom Tisch, und alle guckten in den Fernseher, um Frank Schöbel beim Schmettern zuzuhören. »Wie ein Stern«, hieß das Lied, und meine Mutter fing vor Begeisterung beinahe an zu schielen.

»Ihr könnt sagen, was ihr wollt. Der ist leckerer als unser Howard Carpendale.«

»Uschi, krieg dich wieder ein. Aber der Fernseher ist ganz gut. Ist der neu?«

»Jo«, strahlte Onkel Klaus und platzte fast vor Stolz. »Haben wir ja auch vier Jahre drauf gespart. Und mit der diesjährigen Jahresendprämie konnten wir ihn endlich bezahlen!«

»Für die Weihnachtsgeschenke hat's aber auch noch gereicht«, sagte Tante Margit, und damit zeigte sie stolz ihre Beute. »Guck mal, hier. Von Oma, wie jedes Jahr eine Schachtel Rotstern-Pralinen.«

Sie war die Einzige, die diese Schokolade liebte. Alle anderen schmeckten da eher Gips als Schokolade heraus. Passte zu dem Weihnachtsschokoladen-Hohlkörper.

»O mein Gott, da sind aber ein paar Scheußlichkeiten dabei«, stellte Mama beim Blick über den Gabentisch mitleidig fest.

»Das siehst du völlig falsch, mein Herz«, klärte Tante Margit auf. »Das ist quasi bares Kapital. Wir können es umtauschen oder als wirkliches Tauschobjekt für echte Wünsche einsetzen. Das geht hier gut: Küchenmaschine gegen Trockenhaube, Jeans gegen Türklinken. Die brauchen wir dringend für die Datscha.«

Ich bekam etwas sehr, sehr Hübsches: ein winzig kleines Porzellanservice mit Streublümchen und Goldrand. Es waren Mokkatassen, die meine Tante schon seit Jahren im Schrank hatte. Für mich war es das perfekte Puppengeschirr. Ich war total glücklich.

Überhaupt fühlte ich mich rundherum wohl. Ich hatte endlich mal wieder meine Cousine zum Spielen getroffen, Papa war bis zur Oberlippe voll mit russischem Wodka, und Mama und Tante Margit waren ununterbrochen am Kichern. Schade, dass diese Familienfeste so selten waren.

Um kurz vor 23 Uhr machten wir uns wieder auf den Weg nach Hause. Um Punkt Mitternacht mussten wir die Grenze passiert haben. Mama fuhr – natürlich stocknüchtern. Wir wünschten bei der Passkontrolle den Grenzpolizisten ein frohes Fest, was die vorsichtshalber mal besser nicht kommentierten. Wir waren froh, dass wir wieder in den Westen konnten, vermissten aber jetzt schon die Familie auf der anderen Seite der Mauer. Ich kuschelte mich auf die Rückbank und spielte mit dem Service.

»Was ist denn das?«, fragte einer der Polizisten ins Auto. »Handelt es sich etwa um Porzellanware aus der Deutschen Demokratischen Republik?«

»Ach, das ist Puppenspielzeug für unsere Tochter. Hat sie gerade von ihrer Tante geschenkt bekommen!« Papa gab sich mächtig Mühe, die Sache runterzuspielen und fehlerfrei zu sprechen.

»Sei still, Rainer«, zischte meine Mutter.

»Das dürfen Sie nicht ausführen. Das muss in der DDR bleiben!«

»Das ist doch nicht Ihr Ernst?«, versuchte Mama die absurde Situation zu entschärfen.

»Sie wollen mir doch nicht erklären, was Ernst ist und

was nicht? Haben Sie getrunken? Führen Sie sonst noch unerlaubte Waren aus?«

Wir wurden an die Seite gewunken, mussten zwei Stunden warten, der Wagen wurde von oben bis unten gefilzt (zum Glück waren die Zeitungen drüben geblieben), und mein Puppenporzellan blieb in Erich Honeckers Arbeiter- und Bauernstaat. Es kostete meine Eltern viel Zeit, Fingerspitzengefühl und Einfühlungsvermögen, mir die Ungerechtigkeit zu erklären, wieso mir dieser fremde Mann mein Weihnachtsgeschenk wegnehmen durfte und selbst mein Papa machtlos war. Verstanden habe ich sowieso nur den kleinsten Teil einer großen Geschichte. Zwei Tage später kaufte mir meine Mutter ein anderes Geschirr, aber es war lange nicht so schön wie das von meiner Tante.

Immer dieselbe Cousine, aber jedes Mal ein neuer Baum.

Möglichkeiten, sich Weihnachten wenigstens schönzuquatschen:

- Weihnachten ist frei! Das ist doch toll!
- Weihnachten werden alle dick. Nur du nicht! Das ist doch noch toller.
- Ab exakt 17 Uhr 05 gehören die Straßen dir – du kannst in Ruhe und ungehetzt am Berg anfahren üben, und das mit dem Rückwärtseinparken auch noch mal genauer ausprobieren.
- Du findest direkt vor deiner Lieblingsboutique einen Parkplatz. Dass sie geschlossen hat, ist nicht schlimm.
- Du planst das perfekte Verbrechen und steigst ungestört in alle Juweliere deines Vertrauens ein. Die Polizei möchte ja auch feiern.
- Du kannst günstig telefonieren. Weihnachtssonderrabatt.
- Das Finanzamt hat auch frei. Also, keine schlimmen Briefe im Kasten.
- Du bist nach Weihnachten noch total reich. Und stürzt dich umso motivierter in den Nachweihnachtsausverkauf.
- Wer sich jetzt im Single-Chat mal eben nur so die Zeit vertreibt, findet Weihnachten genau wie du einfach scheiße. Ist dir also schon ganz ganz nah. Eine schöne Voraussetzung für die ewige Liebe.
- Dein Handy steht heute ab 16 Uhr endlich mal still.

Alternativen, die Weihnachtszeit dennoch sinnvoll zu verbringen:

- Lade am Vierundzwanzigsten zur Beachparty und lasse in deiner Wohnung Limbo tanzen.
- Versteck schon mal Ostereier.
- Lass dich freiwillig zum Dienst einteilen – das gibt satte Zuschläge.
- Räum alle Drecksecken in deiner Bude auf.
- Stürz dich aus dem Fenster.
- Zieh Mitte November den Stecker deines Fernsehers und ändere diesen Zustand erst Anfang Januar wieder.
- Beginne nun endlich mit deiner Verhaltenstherapie. Deine Kaufsucht lässt sich jetzt am besten heilen. Du wirst nichts kaufen. Weil es nichts ohne Weihnachtsschnickschnack geben wird.
- Betrink dich sinnlos mit Glühwein – das darfst du! Es hat alles einen christlichen Sinn und Hintergrund.
- Schreib total gute Gedichte. Wie:

  Zu Hause schneit's, und 's ist schon kalt,
  ich sitz am Strand und bin gut breit.
  Die andren rennen durch die Stadt,
  ich ess am Clubbüfett mich satt.
  Sie streiten unterm Tannenbaum,
  das alles interessiert mich kaum.
  Macht doch alleine euer Fest,
  ich geb mit Woddi mir den Rest.
  So wünsch ich euch ein Ho, ho, ho!
  Steckt euch den Zauber in den … Hut.

- Leg dich gegen Ende November in die Schönheitsklinik und zieh das OP-Programm von Brigitte Nielsen durch. Bis zum 27. Dezember dürfte alles wieder abgeschwollen sein und du circa sieben Jahre jünger aussehen.

Weihnachten ist, wenn ...

- deine Frau besonders nett ist, vor allem beim Shoppen.
- deine Frau besonders anstrengend ist, vor allem beim Einkaufen.
- du endlich mal ganz viel kaufen darfst, ohne dass dein Mann meckert. Gibt ja einen Grund für den Tütenrausch.
- du jeden Tag am Geldautomaten stehst.
- deine Bank dir einen Kredit anbietet.
- deine Schwiegermutter mit einem Köfferchen vor der Tür steht.
- keine Hose mehr passt.
- deine Kinder schleimen und dir ständig Hilfe anbieten.
- du dich fühlst wie der Osterhase, weil du ständig kreative Verstecke für Geschenke suchen musst.
- die Werbung vor Schmalz trieft.
- das Lama vor Karstadt wieder spuckt.
- Lebkuchen zum Hauptnahrungsmittel wird.
- Gänse Bückware werden.

- du endlich mal Strom sparen kannst, weil die Lichterketten vom Nachbarn taghell leuchten.
- du an jeder Kasse Schlange stehst.
- dir noch mehr Irre begegnen als gewöhnlich.
- Rot zur alles überstrahlenden Trendfarbe wird.
- Gold aber auch.
- alle unaufgefordert singen – auch die, die es definitiv nicht können.
- Walt Disney wieder zugeschlagen hat.
- Politiker imagefördernd über Kinderköpfe streicheln.

Was an Weihnachten nicht so gut kommt:

- Pleite sein.
- Eier ausblasen.
- Fasten, Diät wäre auch doof.
- Schlechte Laune verbreiten.
- Schlechte Laune haben.
- Die Heizung abstellen.
- Zahnschmerzen haben.
- Noch mit Sommerreifen fahren (schließlich warten alle auf den ersten Schnee).
- Unterm Baum strippen, solange Oma und Opa noch zu Besuch sind.
- Deinem Hund ein Weihnachtsmäntelchen kaufen oder gar ein Geweih.

Lieder, die man nach der Adventszeit nicht mehr hören kann:

- Last Christmas, Wham
- Driving Home for Christmas, Chris Rea
- Last Christmas, Wham
- Driving Home for Christmas, Chris Rea
- Last Christmas, Wham
- Driving Home for Christmas, Chris Rea
- Last Christmas, Wham
- Driving Home for Christmas, Chris Rea
- Last Christmas, Wham
- Driving Home for Christmas, Chris Rea

Fragen, die man in der Adventszeit nie stellen sollte:

- Hast du schon alle Geschenke?
- Wo feierst du dieses Jahr Heiligabend?
- Hast du schon deinen Weihnachtsbaum?
- Ob's wohl schneit?
- Gell, wir schenken uns dieses Jahr nix?
- An welchem Feiertag kommst du zu mir, Kind?
- Schon alles verpackt?
- Schon alles verschickt?

Adjektive, mit denen du dich in der Adventszeit nicht unter Druck setzen solltest:

- Harmonisch
- Gemütlich
- Besinnlich
- Friedlich
- Selig
- Beschaulich
- Gemeinsam

Zeug, von dem einem nur in der Adventszeit nicht schlecht wird:

- Gans
- Glühwein
- Zimt
- Grog
- Punsch
- Spekulatius
- Dominosteine
- Marzipankugeln
- Stollen
- Orangeat und Zitronat, bäh
- Alte Schokolade in Weihnachtskalendern
- Maronen

Geschenke, die keiner will. Wirklich keiner:

- Küchenmaschinen
- Socken
- Krawatten
- Lebende Tiere
- Gutscheine
- Lose der »Aktion Mensch«
- Schulmaterial
- Secondhand-Bücher
- Kosmetika, die vorgeben zu heben, zu straffen oder zu verjüngen
- Geräte, die Haare in der Nase oder in den Ohren entfernen
- Eine Schallplatte mit Seemannsliedern. Auch auf CD wäre das blöd

Passionsfruchtsterne

Rezept für 40 Stück (Zirkaangabe)

1	Passionsfrucht	Passionsfrucht halbieren, Das Fruchtinnere herauskratzen und mit Saft und Gelierzucker etwa 2 Minuten sprudelnd kochen. Anschließend auskühlen lassen.
200 ml	Passionsfruchtsaft (Maracujasaft)	
100 g	Gelierzucker 1:2	

300 g Mehl 100 g Kokosraspeln 100 g Puderzucker 1 Prise Salz 1 TL Rum Aroma 200 g Butter 1 Ei	Die restlichen Zutaten miteinander zu einem glatten Teig verkneten, diesen halbieren und eine Hälfte mit dem Kakao dunkel einfärben. Die beiden Teige in Folie wickeln und 1 Stunde kühl stellen.
	Den Ofen auf 180° C vorheizen.
	Den hellen Teig auf einer bemehlten Arbeitsfläche etwa 3 mm dünn ausrollen. Mit einem Ausstecher Sterne ausstechen und diese nebeneinander auf ein mit Backpapier ausgelegtes Backblech setzen. Die Plätzchen in etwa 10–12 Minuten blassgelb backen und anschließend auskühlen lassen.
Puderzucker zum Bestäuben	In der Zwischenzeit den dunklen Teig ebenfalls auf einer bemehlten Arbeitsfläche etwa 3 mm dünn ausrollen und mit einem Ausstecher Sterne ausstechen. Diese nebeneinander auf ein mit Backpapier ausgelegtes Backblech setzen. Aus diesen Sternen mit einem kleineren Sternausstecher in der Mitte Löcher ausstechen und die Plätzchen in etwa 10–12 Minuten backen. Anschließend abkühlen lassen und mit Puderzucker bestäuben.
	Das Passionsfruchtgelee glatt rühren, auf die hellen Plätzchen verteilen und je ein dunkles Plätzchen daraufsetzen.

4. Advent

Und so ist es, wenn Weihnachten ein bisschen wehtut

19

Andreas, fünfunddreißig

Als Papa ging, hat er den Weihnachtsmann mitgenommen

Weihnachten war für mich immer wirklich das schönste Fest des Jahres. Der Inbegriff von Liebe, Harmonie, Freude und Glück. Wir waren wohl die glücklichste Familie der Welt. Meine Mutter, mein Vater und ich. Am zweiten Advent begann die »Männerzeit«. Wir gingen in den Wald und wählten mit viel Sorgfalt den perfekten Baum für uns aus. Im Grunde war jeder Baum perfekt, egal ob er krumm und schief oder halb nackt so vor sich hin gewachsen war. Manchmal diskutierten wir stundenlang, welcher Baum die Ehre haben würde, von meiner Mutter geschmückt zu werden. Ich weiß noch, dass wir uns einmal mit einem anderen Vater-Sohn-Gespann um eine Tanne gestritten haben – wir hätten uns fast geprügelt, haben natürlich gewonnen! Ich war so stolz auf meinen Vater. Er war cool und stark. Mein Held. Ich durfte dann den Baum bewachen, während mein alter Herr Axt und Säge aus dem Auto holte. Gemeinsam machten wir uns an die schwere und schweißtreibende Arbeit, die nur richtige Jungs draufhaben. Als der Baum gefällt war, gab's heißen Kakao aus der mitgebrachten Thermoskanne.

Muttern wartete dann schon mit dem Mittagessen. Anschließend wurden Plätzchen gebacken. Zimtsterne und Vanillekipferl nach dem Rezept meiner Oma. Wo gibt's das heute noch?

Heiligabend war ich immer so aufgeregt. Morgens durfte ich mit meinem Vater rodeln gehen, oder ich saß auf seinen Schultern und wir spielten Rentier. Hier war auch der einzige Ort, an dem meine Eltern sicher sein konnten, dass ich vor lauter Aufgeregtheit nicht den Baum umschmeißen oder entgegen aller hoch und heiligen Versprechen nicht doch die Geschenke suchen würde. Wir verbrachten Stunden draußen. Wir spielten auch Starsky & Hutch, verkloppten uns gegenseitig, jagten den anderen durch den Garten, schmissen mit Schneebällen Scheiben ein. Oft stand Mutter mit verschränkten Armen auf der Terrasse, schüttelte grinsend den Kopf: »Bis einer heult!« Was dann meistens zwei Minuten später auch geschah.

Und wenn wir total durchgefroren wieder ins Haus kamen, brutzelte die Gans im Ofen, das Feuer im Kamin loderte, überall brannten Kerzen, und wir hätten jedes Casting für die Jacobs-Krönung-Weihnachtswerbung gewonnen. Scheiße, so glücklich sahen wir aus. Gegen 18 Uhr verschwand Dad »mal kurz«. Angeblich wollte er dann immer neues Holz für den Kamin holen. Es war doof, dass er das jedes Mal kurz vor der Bescherung machen musste, so hat er nie den Weihnachtsmann gesehen, der gerade kam, als er gegangen war. Mit dickem Bart, rotem Mantel, schwarzen Stiefeln und einem Sack voller Geschenke. Und ich hätte ihn da echt gebrauchen können, zumindest seine Hand halten wollen, denn ich hatte Respekt vor dem großen Mann.

Nach der Bescherung war er dann wieder da, und ich erzählte aufgeregt von unserem Besuch. Er nahm mich in den Arm und bedauerte, dass er nicht dabei war. Aber alles war dann wieder gut, wenn wir die neuen Spiele durchspielten – manchmal die halbe Nacht lang. Hin und wieder war Mutter eine schlechte Verliererin, weil wir Männer ein super Team waren. Das feierten wir dann noch heimlich nachts allein vorm Kühlschrank – mit Milch und einem Kloß für mich und Bier und Rotkohl für ihn. Die nächsten zwei Tage gehörte er nur mir. Er musste nicht ins Büro und ich nicht in die Schule. Sie war ja sowieso immer da. Die Zeit war herrlich. Ich habe gelacht, bis ich einpullern musste. Ernsthaft. Einmal ist es wirklich passiert. Ich behaupte heute noch, dass mein Vater auch kurz davor war. Wir fanden damals einfach alles komisch.

Wenn ich es mir im Nachhinein noch mal vor Augen führe, wie zufrieden wir damals waren, kann ich es selbst kaum glauben. So zuckrig verklebt und unrealistisch klingt das heute für mich.

Die schönen Momente wurden irgendwann weniger. Er war immer seltener zu Hause. Manchmal schlief er sogar im Büro, weil er dann so lange arbeiten musste. Wenn er da war, lachte er kaum noch. Er wollte auch nicht mehr mit mir in den Wald gehen. Als ich neun war, kauften wir zwei Tage vor Weihnachten unseren Baum bei einem Straßenhändler. Er war groß, schön und gerade gewachsen. In diesem Jahr spielten wir nicht mehr so viel. Dafür war er endlich dabei, als der Weihnachtsmann kam.

Aber es interessierte ihn gar nicht. Und am ersten Feiertag fuhr er ins Büro.

In dieser Nacht hörte ich meine Mutter weinen.

Das nächste Weihnachten feierte ich mit meiner Mutter alleine. Was heißt feiern? Wir hatten einen Baum, es gab Falscher Hase und Geschenke. Wie immer eigentlich. Und doch war überhaupt nichts mehr wie immer. Dad war nicht mehr da, und auch der Weihnachtsmann kam nicht mehr. Ich war verzweifelt. Hatten mich alle verlassen?

Irgendwann traute ich mich, meine Mutter zu fragen: »Mama, wo ist der Weihnachtsmann?«

»Ich glaube, den hat der Papa mitgenommen.« Und ihre Stimme klang dabei sehr traurig.

Damit war meine Kinderzeit vorbei. Ich glaubte nicht mehr an den Weihnachtsmann.

Inzwischen habe ich zwei kleine Jungs, die selbstverständlich an den Weihnachtsmann glauben. Weil sie mir glauben, was ich ihnen sage und mir hoffentlich auch bis an mein Lebensende vertrauen werden. Es kann passieren – jeder kann irgendwann gehen. Je erwachsener ich wurde, desto mehr konnte ich meinem Vater verzeihen, dass er uns, seine Familie, verlassen hat. Weihnachten hat wieder Glanz, auch wenn es für mich viele Jahre nahezu bedeutungslos war, dieses Fest der Liebe.

Wir feiern immer noch bei meiner Mutter. Mit Baumschlagen, Falschem Hasen und Weihnachtsmann. Der kommt, wenn ich Holz holen gehe.

So glücklich bin ich heute wieder!

20

Susanne, achtunddreißig

Nein Mama, ich lass dich nicht allein

Bis ich achtzehn war, waren wir eine normale, durchschnittliche Familie. Bis zu diesem Punkt gab's immer Weihnachten zu dritt, am Anfang waren auch noch die Omas und Opas dabei. Das fand dann ein natürliches Ende. Meine Familie scheint nicht besonders langlebig zu sein. Dann ging mein Vater – und kam nicht mehr wieder. Heute bin ich achtunddreißig. Hinter mir liegen zwanzig Jahre allein mit meiner Mutter unterm Weihnachtsbaum. Genügend Stoff für einige Termine beim Therapeuten.

Wie verbringt man selig Weihnachten zu zweit – ohne verliebt, befreundet oder wenigstens verheiratet zu sein? Ich kam mir immer so halb vor – eine unvollständige Familie. Mein Vater rief manchmal an, und dann war die Stimmung bei uns noch mehr im Arsch. Ausnahmsweise wieder ein Gemeinschaftsgefühl bei uns dreien. Denn so richtig Spaß machte das Fest wohl keinem mehr von uns. Dennoch übten wir uns tapfer in der Kunst des Verdeckens. Wir *spielten* Weihnachten und waren umso bemühter, gerade an diesem Abend keine Traurigkeit aufkommen zu lassen.

Jedes Jahr überlegten wir uns also etwas *wirklich richtig Schönes,* zumindest etwas, das unsere gute Laune beschützen sollte.

Beim ersten Mal wussten wir noch nicht so recht, wohin mit uns und kamen schließlich auf die launige Idee, den Abend in der Videothek meiner Mutter, die ihr seit Jahren gehörte, zu verbringen. Sie befand sich in einem Kiez, in dem nur Türken wohnten. Die feiern kein Weihnachten und wollen auch am Heiligen Abend ihre Filme. Alle fanden die Idee Spitze – das lag aber auch daran, dass wir sie genau so »verkauft« hatten: als Superidee! Wir amüsierten uns mehr oder weniger mit Kunden, die uns süßes türkisches Gebäck und Raki auf die Theke stellten.

Seit diesem »Fest« in der Videothek schlich sich ein bedrückendes und trauerndes Gefühl in mein Herz, wenn ich abends durch die Straßen ging und in fremde Fenster sah: Überall ist es muckeliger, leuchten die Kerzen heller, sitzen größere, glücklichere, lustigere Familien zusammen und feiern. Gerade dann fühlte ich mich sehr alleine.

Wir versuchten auch andere Methoden, uns über diesen Abend zu bringen. Allerdings immer mit der Ansage, wie schön es doch ist, dass wir zwei Mädels so frei entscheiden können. Im zweiten Jahr gingen wir Heiligabend mit Freundinnen meiner Mutter zunächst ins Restaurant und später in eine bumsfidele Bar, die angeblich total angesagt war. Der Laden war voll – und mich und meine Mutter überfiel sofort eine Depression. Da waren sie, all die einsamen Seelen, versuchten ihren Kummer im Rotwein würdevoll zu ertränken, saßen mit dem Sonntagskleid zwischen fremden Menschen und lächelten hilflos in die Runde auf der Suche nach einem vertrauten Gesicht. Eigentlich mögen wir es sogar schrullig und haben wirklich keinerlei Dünkel. Aber das überschritt deutlich unsere Schmerzgrenze. Ein Blick in die Augen meiner Mutter und ich wusste: Sie fühlt wie ich. Das waren gute Momente – wir spürten unsere Gemeinsamkeit und Stärke. Das war aber auch sofort der Auslöser, diesen geselligen Ort zu verlassen und nach Hause zu fahren. Wir legten uns zusammen auf die Couch und guckten Filme. Filme, die uns gute Laune machten und uns zurück in eine Art Normalität beamten.

Im Laufe der Jahre lernten wir zu akzeptieren, dass keiner an Weihnachten einfach so vorbeikommt. Man kann nicht so tun, als gäbe es das Fest nicht. Wir gaben uns also geschlagen und stellten uns dem Programm – mit eigenen Ritualen. Obwohl wir immer ein bisschen Angst hatten vorm 24. Dezember. Wir flohen nicht mehr. Ja, wir schmückten einen Baum. Ja, wir machten uns hübsch – für uns beide. Ja, wir kochten unser Lieblingsessen, gingen in die Kirche – und waren danach erst mit Freunden verabredet. Gemeinsam allerdings. Wir gingen zu unseren Nachbarn oder luden Bekannte zu uns nach Hause ein. Es wäre für mich ein Verrat gewesen und völlig unvorstellbar, Weihnachten nicht mit meiner Mutter zu verbringen. Wenn die Mütter alleine sind, fühlen sich Kinder wahrscheinlich immer noch verantwortlich für ihr Wohlergehen – gerade in dieser Zeit. Nicht dass ich nicht manchmal lieber mit meinen Freundinnen oder meinem jeweiligen Freund oder seiner gesamten Großfamilie gefeiert hätte, aber Mütter haben an Weihnachten einfach

Priorität. Da gibt es wohl auch nichts zu diskutieren. Außerdem hätte sie ihr Kind ja schließlich auch nicht einfach an so einem »Fest« alleine gelassen.

Mit diesem Gemischtwarengefühl von Verantwortung, Kompromiss und Liebe war und bin ich mit Sicherheit nicht die Einzige. Wie oft habe ich beobachtet, wie erwachsene Männer aus der Großstadt am 24. 12. aufs Dorf zu ihren Mütterchen anreisten, immer gezogen von der unsichtbaren Nabelschnur.

Wie oft erzählen sich gerade diese Menschen am Fünfundzwanzigsten beim Frühstück mit Freunden, wie erleichtert sie sind, wieder ein Weihnachtsfest rumgebracht zu haben.

An jedem anderen Tag könnten sie leichter mit ihrer Mutter bei Kartoffelsalat und Würstchen sitzen. Aber am Heiligen Abend ist der Druck, selbst glücklich zu sein und mit dem Glück seiner Arbeitskollegen, Nachbarn oder Freunde mithalten zu können, enorm hoch.

Inzwischen hat Weihnachten für uns den Schrecken verloren. Im Gegenteil, wir freuen uns direkt auf diesen ganzen Kitsch und Zauber. Wir leben das, was ich die letzten Jahrzehnte meinte, durch fremde Fenster gesehen zu haben. Ja, wir leben es, wir *spielen* es nicht mehr. Wir können sogar Weihnachtslieder singen, ohne dass die anverdaute Gans wieder rausmöchte.

Interessanterweise hätten wir das alles schon früher haben können. Wenn wir Vorsicht und Rücksichtname mal zur Seite geschoben und einfach geredet hätten. Was will ich? Was willst du? Aber gut – wir sind ja noch jung.

21

Natalie, zweiundvierzig

Laienspiel in den eigenen vier Wänden oder Das Fest der Liebe?

Was soll ich Ihnen sagen, meine Ehe war ein Schrotthaufen. Schon ewig.

Das ganze Jahr kann man das alles irgendwie im Sumpf des Alltags wegdrücken. Aber dann kommt Weihnachten. Jedes Jahr. In schöner Regelmäßigkeit. Das Fest der Liebe, der Familie.

Zu seinen Eltern hatten wir keinen Kontakt mehr, und meine weigerten sich, Heiligabend mit meinem Mann zu verbringen. Also waren wir zu dritt. Er, ich und die Kleine. Die Kleine, die das alles zusammenhielt. Wegen der wir immer noch verheiratet waren. Die Kleine, die nicht ahnte, dass sie sich in einem Konstrukt aus Lügen bewegte. Die Kleine, die uns beide liebte und schon anfing, mal den einen gegen den anderen auszuspielen. Clever, das Mädchen.

Weihnachten war, wie im Grunde alles in dieser Familie, meine Sache. Ich tat es aus Liebe zu meinem Kind und in der Erinnerung an schöne Jahre. Weihnachten war doch eigentlich immer ein schönes Fest gewesen. Lange her …

Wir taten für zwei, drei Stunden so, als wären wir eine normale Familie. Das kostete mich Kraft und ihn Selbstbeherrschung, denn er versuchte, eine Weile nüchtern zu bleiben. Gemeinsam mit mir so zu tun, als wäre die Welt in Ordnung, war beinahe eine künstlerische Herausforderung, ein Laienspiel. Theater in den eigenen vier Wänden. Der Vorhang ging auf, und wir konnten es kaum erwarten, dass er sich wieder schloss.

Gegen 17 Uhr kümmerte ich mich um einen Hauch von Stimmung, legte eine Weihnachts-CD auf, zündete die Kerzen an, die Kleine sagte ein Gedicht auf, wir aßen Fondue. Auf die Kirche verzichteten wir. So viel Heuchelei konnten selbst wir nicht ertragen. Nach dem Essen gab es Geschenke. Meine Tochter bekam, was sich kleine Mädchen wünschen: eine Puppe, Spiele, Barbie-Schuhe und den passenden Mantel. Für meinen Mann kaufte ich einen Pullover oder Rasierwasser. Ich bekam – nichts. Mal abgesehen von einem sehr schönen Bild, das die Kleine gemalt hatte. Drei Menschen waren darauf zu sehen, die uns ähnelten, Hand in Hand vor einem Haus, dahinter Bäume und genauso große Blumen, Wolken, eine riesengroße Sonne, ein paar Vögel. Ich habe ihre Kunstwerke natürlich alle aufgehoben.

Trotz des Bildes fühlte es sich irgendwie unrund an. Die beiden packten Geschenke aus, die der Weihnachtsmann unter den Baum gelegt hatte, nur ich nicht. Mein Mann hatte nicht im Traum daran gedacht, auf Zigaretten oder Alkohol zu verzichten, um mir eine Freude zu machen. Das war eine bittere Erkenntnis. Obwohl unsere Ehe längst nur noch eine Farce war, lag immerhin jahrelang wenigstens eine Kleinigkeit für mich von ihm unterm Baum. Beim letzten Mal war es ein Traumfänger, den er auf einem Weihnachtsmarkt gekauft hatte für 4,99. Das Kind hatte ihn gesehen, während ich eine Toilette suchte, und meinen Mann bedrängt. »Den findet Mama bestimmt schön. Bitte, kauf ihn.« Sie hatte recht. Er war schön. Aber schön genug für ein Jahr an der Seite dieses Mannes? Und ich hatte schon lange keine Träume mehr zum Einfangen.

Dieses Jahr nun also nichts für mich. Nicht mal ein Geschenk für 4,99.

»Mama, warst du denn böse? Hat der Weihnachtsmann dich nicht lieb?« Sie war sechs, als sie mir diese Frage stellte. Super Voraussetzungen für eine Karriere als Ehefrau und Mutter. Wächst meine Tochter jetzt in dem Glauben auf, Mütter reißen sich gerne für alle den Arsch auf, gehen aber im entscheidenden Moment leer aus? Damals beschloss ich, mein eigener Weihnachtsmann zu werden.

Im ersten Jahr kaufte ich mir ein kleines Parfüm, das ich unter den Baum stellte. Im Jahr darauf eine Kette, dann ein paar Handschuhe. Nicht teuer, aber hübsch und sehr hochwertig verpackt. Meinen Mann interessierte es nicht. Nur meine Tochter beobachtete mich sehr genau. Inzwischen ahnte sie wohl auch, dass es keinen Weihnachtsmann gab. Also musste das Geschenk doch von ihrem Vater sein, und damit war ihre kleine Welt in Ordnung. Ihre Geschenke für mich wurden auch größer – sie sparte ein bisschen Taschengeld und kaufte mir mal eine Kerze, mal ein Lipgloss.

Immer wieder kam und ging der Frühling, genauso der

Sommer und der Herbst. Wie viele Jahre schon? Das nächste Weihnachtsfest stand bereits bedrohlich vor der Tür. Dabei erinnerte ich mich so genau noch ans letzte Mal, als wäre es gestern gewesen. Die Wiederaufnahme unseres persönlichen Theaterstückes »Die kleine, heile Familie unterm Weihnachtsbaum« gruselte mich schon.

Passenderweise fand ich in einer Zeitung einen Artikel über den sprunghaften Anstieg der Scheidungsrate nach Weihnachten. *»Die Erwartungen sind groß«*, stand da, *»gerade zu Weihnachten kochen Emotionen über. Man hofft auf Perfektionen – und steht dann doch der Realität gegenüber. Hören Sie auf Ihre Gefühle unterm Weihnachtsbaum.«*

Wie waren meine Gefühle unterm Weihnachtsbaum? Konnte ich mich weiter hinter meinem Kind verstecken, ohne endlich eine Entscheidung zu treffen? Auf dem Weg zur Arbeit schaute ich in das Schaufenster einer Luxusboutique. Da stand eine Handtasche – reduziert von siebenhundertachtundneunzig auf hundertachtundneunzig Euro. Sie war das Schönste, was ich je gesehen hatte. Groß, dunkelbraun, mit silbernen Schnallen und von einem wirklichen Designer. Das Lable stand in silbernen Buchstaben auf der Seite. Diese Tasche war genau das, was der Weihnachtsmann mir in diesem Jahr unter den Baum stellen würde. Natürlich viel, viel, viel zu teuer. Aber ich ging in den Laden, zückte meine EC-Karte und spürte in dem Augenblick, wie mein Selbstbewusstsein zurückkam. »Da haben Sie wirklich Glück gehabt«, sagte die Verkäuferin. »In dem Leder ist ein winziger Fehler, deshalb hat der Chef die Tasche so reduziert. Aber die Stelle ist wirklich winzig … So eine schöne, kostbare Handtasche.«

Was interessierten mich winzige Fehler, wenn mein ganzes Leben ein einziger großer Fehler war? Aber die Verkäuferin hatte recht: Ich hatte Glück gehabt. Endlich mal wieder. Ich hatte tatsächlich vergessen, dass man Glück auch kaufen kann und dass kostbare Einkaufstüten aus glänzendem Papier eine ganz eigene Magie ausstrahlen. Mit meinem Schatz ging ich nach Hause und spürte die Kraft, jetzt endlich der Wahrheit ins Gesicht zu sehen. Wenn ich den Mut hatte, eine solch leichtsinnige Entscheidung zu treffen, hatte ich vielleicht auch die nötige Courage, endlich mein Leben zu ändern.

Ich verpackte die Tasche und freute mich auf den Heiligen Abend wie schon seit Jahren nicht mehr. Ich war genauso aufgeregt wie meine Tochter. Ich konnte es nicht erwarten, dass die Bescherung endlich, endlich über die Bühne ging. Ich war bereit für eine ganz neue Rolle, die ich mit meinem »Ensemble« nicht besprochen hatte. Das gleiche Ritual wie immer: Baum, Gedicht, Essen, und dann öffnete ich das große schöne Paket, das da für mich unterm Baum stand, und riss ungeduldig die Verpackung auf. Ich weinte fast vor Freude.

Ich streichelte das kostbare Leder, und selbst meine Tochter spürte, dass es sich um ein ganz besonderes Weihnachtsgeschenk handelte. »Die sieht teuer aus!«, knurrte mein Mann, der sehr bald mein Exmann sein und es noch Weihnachten von mir erfahren würde.

»Nicht wahr? Das Leben kann auch kostbar sein!«

Ich verneigte mich vor meinem imaginären Publikum

und wusste ganz genau, wie das Stück jetzt weitergehen würde: Am nächsten Morgen, als er halbwegs nüchtern war, bat ich ihn endlich auszuziehen. Mir war egal, wohin. Drei Monate später war er wirklich weg.

Unser Leben war jetzt anders, aber schöner. Im Jahr darauf kamen meine Eltern zu Weihnachten zu uns, außerdem eine Freundin, die allein war, und später noch ein paar andere Freunde und Bekannte aus der Nachbarschaft. Gegen 23 Uhr saßen wir mit acht Erwachsenen und fünf sehr müden Kindern unter einem festlich erleuchteten Baum und waren einfach nur gut gelaunt. Diesmal musste ich mir nichts mehr unter den Baum stellen – alle hatten mich beschenkt – und das Leben auch. Das war das größte Geschenk – pures, ehrliches, aufrichtiges Glück. Ich hatte gelernt, mutig genug zu sein, Entscheidungen zu treffen. Weihnachten wurde wieder das, was es vor meiner Ehe immer für mich war: das Fest der Liebe.

Martina mit kurzem Haar und als Tochter –

und einige Jährchen später Martina mit langem Haar und als Mama.

Engel auf High Heels

22

Anja, dreiundvierzig

Dieses Jahr feierst du bei Papa

Egal, was du von deinem Exmann noch willst oder auch nicht – irgendwie zwickt's mit der Neuen. Die andere ist jetzt die Frau neben ihm. Und die Frau, die an jedem zweiten Wochenende die »total hübsche, total lustige und total junge« Bespaßerin deines einzigen Kindes ist. Seit knapp neun Monaten geht das so – und als ob das alles nicht schon belastend genug wäre, ist dieses Jahr auch noch er dran mit Weihnachten. Letztes Jahr war's besser – Weihnachten ich, Silvester er. In den besinnlichen Stunden war das Kind bei mir, und Silvester konnte ich bis morgens Party machen. Die Kleine ist fünf – wenn ich darüber nachdenke, wie viele Jahre das noch gehen wird, möchte ich am liebsten jetzt sofort das alleinige Sorgerecht beantragen. Einfach nur, um Weihnachten nicht teilen zu müssen mit meinem Mann und so einer Ische – er hat jetzt übrigens schon die Dritte seit der Trennung. Aber auf die ist meine Tochter ganz besonders scharf. Es ist einfach frustrierend. Als Mutter organisierst du den ganzen lästigen Alltag, hast die Schwangerschaftsstreifen und sagst gefühlte eine Million Mal: putz dir bitte die Zähne, und hältst ihr trotzdem die Hand beim Zahnarzt. Klar, mit der Neuen ist alles lustiger. Da ist Ponyhof-Freizeitspaß angesagt, bei der Supi-Trupi-, gerade volljährig gewordenen Püppi von Pappi. Wie niedlich. Die können ja auch noch zusammen spielen. Sind doch fast ein Alter.

Ich werde meine pädagogisch korrekten Geschenke für das Kind hübsch verpacken und meinem Ex mitgeben. Wahrscheinlich wird meine Tochter die nicht eines Blickes würdigen. Ich weiß nämlich jetzt schon, mit was für unnötigem Kram sie wieder nach Hause kommen wird. *Guck mal, der Papi und die (*wie heißt die jetzt eigentlich*?) haben mir sooo viel geschenkt. Hier Mami, das Pony habe ich ganz doll lieb. So wie Carlotta* (ach, so heißt sie!) *auch.* Er hatte mir vorher irgendwann erzählt, dass er ihr ein überlebensgroßes Plastikpony mit pinkfarbener Mähne und Strasssattel schenken würde. Trotz meiner Proteste dachte er nicht im Traum daran, darauf Rücksicht zu nehmen, dass dieses wirklich geschmacklose Viech in keines der Zimmer meiner Wohnung passen dürfte. Weder von der Größe noch vom Design. Abgesehen vom ästhetischen Problem, gibt dieses Teil alle drei Minuten ein bescheuertes »Hü« von sich. Und das soll jetzt bei mir stehen? Soll seine Tochter doch durch seine blütenweiße Prärie damit reiten, warum denn bei mir?!

Ich dachte letztes Jahr schon, er sucht die Geschenke nach dem maximalen Stresspegel für mich aus: Damals hat er ihr Fingermalfarben und eine Trommel geschenkt – eigentlich nicht so schlecht, wenn wir, wie früher, noch einen schönen Garten hätten und viel Freifläche. Ich konnte mich nicht so recht darüber freuen.

»Du Vollpfosten, mit der Farbe soll sie jetzt meine Wände beschmieren und mich mit der Trommel in den Wahnsinn treiben, oder was?«

Ich war sehr laut, als ich das in den Hörer schnauzte. Das war nicht so nett von mir.

Seine Antwort war noch unnetter: »Mann, so ein bisschen Entspannung würde dir guttun. Trommel dich frei und mal dir selbst ein paar bunte Gedanken. Das Leben kann doch echt schön sein.«

Na gut. Dieses Jahr werde ich die Pony-Pille dann eben schlucken. Schließlich soll er wenigstens denken, dass mein Leben auch sehr schön ist.

Heiligabend wird er sie um 14 Uhr abholen. Danach fahre ich zu meinen Eltern. Sie murren auch schon seit Wochen, denn Weihnachten ist für sie nur mit Kind schön. Und sie hätten doch nur dieses eine Enkelkind. Ansonsten könnte mein Vater ja wie an jedem anderem Abend vor der Glotze hocken. Sie hätten sich auch das ganze Jahr darauf gefreut. Und an Weihnachten gehören Kinder schließlich zur Mutter, dieser ganze neumodische Erziehungskram getrennt lebender Eltern, mit Sorge- und Aufenthaltsbestimmungsrecht und diesem ganzen Unsinn. Eine unendliche Litanei. Und wenn dieser zähe Abend bei meinen Eltern endlich vorbei ist, weiß ich jetzt schon, wie es sein wird, wenn ich sie wieder bekomme. Sie wird heulen, weil's bei Papi sooo schön war. Viel schöner als bei uns. Kunststück. Ein Wochenend-Sonnenschein-Papi, der dazu noch frisch verliebt ist, hat einfach bessere Laune. Daneben eine neue Freundin, die sich besonders viel Mühe gibt und für die das Wort »nein«

ein Fremdwort ist. Sie will ja zeigen, dass sie nicht nur ihn liebt, sondern auch seine Brut. Und ich sehe Familie Sonnenschein vor mir, wie sie sich allabends mit frisch geputzten Mündern einen Gutenachtkuss auf die Wangen schmusen. Ekelhaft. Wie bei den Waltons. Jetzt küsst mein Kind eine fremde Frau. Und hat dabei noch gute Laune. Wenn die da jetzt einen Halbbruder nachschieben, dreh ich durch.

Nach dem letzten Papi-Wochenende war meine Tochter komplett neu eingekleidet. Ich spare darauf, dass ich ihr alle halbe Jahre ein paar vernünftige Schuhe kaufen kann, und die Neue macht Extremshopping mit meinem Kind, und er zahlt. Mein »Jetzt verwöhnt sie doch nicht immer so« quittierte er letztens mit einem gemeinen »Du bist doch nur eifersüchtig. Ich kann meiner Tochter kaufen, was ich will«. Ich bin also mal wieder die Spielverderberin. Aber ich bin es auch, die das Kind nach den Papi-Trips jedes Mal mühevoll auf die Spur bringen muss, um aus einer verwöhnten Fünfjährigen wieder ein gruppen- und sozialkompatibles Geschöpf zu stricken.

Ich hab ja viel gelesen nach der Trennung und mich auch weitgehend an die Ratschläge der Pädagogen gehalten. Nie schlecht über Papi und seine Neue reden. Papi ist der Beste. Sie ist auch dufte. Wir haben dich alle ganz doll lieb. Ja, ich finde sie auch nett, mein Püppchen. Ja, sie sieht sehr schön aus. Ja, sie ist viel jünger als Mama. (Jetzt reicht's mit so viel Altruismus.)

Aber die Königsdisziplin ist, wenn das Kind dann auch noch feststellt, dass Mama an Weihnachten alleine ist. Dann nicht in Tränen auszubrechen oder unterschiedlichste Suizidmöglichkeiten durchzuspielen verdient einen Oscar. Alles im Sinne des Kindes.

Als ich das letzte Mal jemanden kennengelernt habe, hat mein Geschiedener einen Riesenzirkus veranstaltet: Unter keinen Umständen, auf gar keinen Fall, durfte ich meiner Tochter *jetzt schon* diesen Mann vorstellen. Ob ich schon mal über folgende Szenarien nachgedacht hätte? Erstens, der Mann verschwindet nach kurzer Zeit aus unserem Leben. Das Kind müsste sich immer wieder an neue »Onkel« gewöhnen. (Was denkt er von mir? Ich bin doch nicht wie er!) Zweitens, der Neue hat andere Erziehungskonzepte – bzw. er hat dreisterweise überhaupt welche. Wem soll das Kind dann in diesem Fall glauben, wie die Welt funktioniert – Papi oder dem anderen? (Mein Gott, dieses Platzhirsch-Gerangel.) Drittens, er mag das Kind nicht. (Schlägt Papi ihn dann gleich zu Brei?) Viertens, er mag das Kind sehr und das Kind ihn auch. (Dann können wir Papi wohl in der Psychiatrie besuchen.) Fünftens, er will mich heiraten und das Kind adoptieren. (Dann ist es Papi, der über Suizid nachdenkt.) Ich kann also machen, was ich will: Was für ihn gilt, muss für mich noch lange nicht gelten. Ich bin die Frau und die Mutter und damit fürs Grobe zuständig. Für den Rest meines Lebens. Zumindest aus seiner Sicht.

Lebenslang mit dem Ex – eine Ehe allein kettet niemanden so eng aneinander wie die gemeinsame Verantwortung für ein Kind. Und deshalb liegt es auch in meiner Verantwortung, sie Weihnachten abzugeben – ohne zu murren. Ein Jahr er, ein Jahr ich. Bis sie selbst entscheiden kann, was sie will. Bis dahin lebe ich in einem ständigen Wettbewerb mit meinem Exmann und seinen hochmotivierten Ladys. Der olympische Gedanke zählt. Wo findet es das Kind schöner, wo fühlt es sich wohler, wo will es hin? Schrecklich. Und wenn die kleinen, putzigen, cleveren Biester dann erstmal das Prinzip verstanden haben, werden wir im Rad laufen wie die Hamster, noch mehr Geld in die Wirtschaft pumpen, noch mehr Lillifees kaufen und uns in blinden Aktionismus stürzen.

Eine Gewissheit bleibt mir aber – Supi-Trupi-Püppis von Papi sind austauschbar. Mami nicht. Und damit lässt sich der ganze Irrsinn irgendwie ertragen.

Lustiger Engel mit Busen

23

Brigitte, achtundvierzig

Nicht schon wieder eine Eisenbahn

Als Kind habe ich Heiligabend immer geheult. Es gab in meinen Augen auch nicht einen einzigen winzigen Grund der Freude. Schuld war mein Vater. Wir waren drei Mädchen zu Hause – und jedes Kind sollte eigentlich Jens heißen. Er wünschte sich nur, ausschließlich und ohne einen Anspruch auf natürliche Zufälle oder genetische Konditionierung einen Sohn. Jedes Mal, wenn meine Mutter schwanger war, wurde ein neues Zimmer hellblau gestrichen, und es stand ein einziger Name zur Debatte: *Jens*. Ein Mädchen wurde bei der Planung überhaupt gar nicht erst ins Kalkül gezogen. Aber dann kam es doch jedes Mal anders: Brigitte, Elke, Petra – geboren im Abstand von zwei Jahren. Danach hatte meine Mutter keine Lust mehr, ihren Körper für die verzweifelte *Jens*-Produktion zur Verfügung zu stellen, erklärte das Projekt für gescheitert, und mein Vater sollte lernen, sich mit der Situation zu arrangieren. Ich bin die Erstgeborene und heiße Brigitte – was aber meinen Vater nicht sonderlich interessierte. In seinem Kopf werde ich wohl bis an sein Lebensende irgendwie ein bisschen der *Jens* sein, der Erstgeborene. Ich lief nur in Hosen rum, kletterte auf Bäume, kloppte mich mit richtigen Jungs, und manchmal hatte ich das Gefühl, dass er mich dafür ein bisschen mehr liebte. In den Sommerferien musste ich in seiner Firma arbeiten, weil ich sie irgendwann übernehmen sollte. Meine Schwestern durften sechs Wochen auf einen Reiterhof.

Ich kann sagen, dass ich die Welt zu der Zeit als äußerst ungerecht empfand.

Wir lebten am Bodensee, und mein Vater beschäftigte sich mit dem Bau von Yachten. Das reichte durchaus für ein Leben oberhalb der Armutsgrenze. Eigentlich ganz gute Voraussetzungen für ein gelungenes und harmonisches Weihnachtsfest im Kreise der elitären Familie. Und ich durfte sogar ein Kleid anziehen!

Aber irgendwie hatten alle einen Hau – einschließlich meiner Oma. Sie war das selbst ernannte und von allen gefürchtete Oberhaupt der Familie – da hatte sogar mein Vater nicht immer was zu melden. Oma war in meinen Augen uralt und hütete streng die Jungfräulichkeit ihrer drei Enkelinnen.

Der Horror an jedem 24. 12. begann schon mit der Auswahl des Weihnachtsessens: Da Oma eine Offizierstochter aus dem hohen Norden war, gab's zu Weihnachten immer das, was Oma schon als Kind mit ihren Eltern unterm Tannenbaum gegessen hatte: Heringssalat mit Rote Beete und Kartoffeln. Der Salat schimmerte rosa durch die Rote Beete, und es knackte zwischen den Zähnen, wenn man darauf herumbiss. Ab und zu blieb einem auch noch eine übersehene Gräte im Hals stecken.

Während also die anderen Hering aßen, musste ich hungern, weil ich mich der Tradition nicht beugen wollte. Mir blieb der Zugang zur Küche und damit zu anderen Speisen verschlossen. Manchmal erbarmte sich meine Mutter und schmierte mir eine Leberwurststulle, die ich dann heimlich nachts im Bett ausgehungert herunterschlang.

Jedes Jahr am 24. Dezember um 17 Uhr 30 erwarteten wir die Bescherung. Wir mussten den Salon verlassen, standen mit feuchten Fingern und klopfenden Herzen hinter der verrammelten Tür, hörten es deutlich Rascheln und die Glöckchen vom Schlitten des Weihnachtsmannes klingeln. Wenn sich die große, schwere Flügeltür wieder öffnete, erblickten wir das Winter-Weihnachts-Wunderland. Alle Kerzen leuchteten, der Baum überstrahlte selbst den Kristallkronleuchter in seiner Schönheit, und ich vergaß meinen knurrenden Magen und den stinkenden Fisch. Ausgesehen hat's wie in einem Werbeprospekt von Walt Disney – man durfte nur nicht genauer hinschauen. Denn die Katastrophe für mich begann, als ich ungefähr vier war. So weit reicht meine Erinnerung zurück. Damals war auch Petra schon auf der Welt, und Mama hatte gerade entschieden, dass die weitere Familienplanung definitiv abgeschlossen war. Mein Geschenk war das größte. Obwohl wir nie in Not waren, achteten wir drei Schwestern sehr eifersüchtig darauf, was die anderen bekamen. Erwartungsvoll öffnete ich das wunderschöne goldene Papier. Darunter befand sich ein Karton. Da ich noch nicht lesen konnte, blieb mir der Schock noch für einige Sekunden erspart. Dazu muss man sagen, dass ich im Grunde nur einen wirklichen heißen, verzehrenden Wunsch hatte: eine Barbie! Ich wollte kein

Puppenhaus und keine politisch korrekte Käthe-Kruse-Puppe mit Porzellankopf – ich wollte eine Barbie aus Plastik mit Wespentaille. Sollte der Weihnachtsmann ein Einsehen gehabt haben? Ich öffnete das Paket und fand – eine Eisenbahn. Das teuerste, wertvollste und technisch aufwendigste Modell seiner Zeit. Ich sah die Schienen und die Züge, die kleinen Menschen, Tunnels und Bäume aus irgendeinem zerbrechlichen Material, das zum Spielen gänzlich ungeeignet war.

»Freust du dich?«, fragte mein Vater, und es hatte nur noch ein *Jens* gefehlt. Seine Augen leuchteten voller Begierde, als er auf das Jungs-Spielzeug schaute. Meine Schwestern bekamen Puppen und einen Kaufmannsladen, mit denen sie dann spielen durften. Mein Vater baute die Eisenbahn auf und donnerte im Befehlston in die Runde: »Nicht dass du die Züge anfasst, Brigitte. Du bist viel zu ungeschickt!«

Ich ging zum Heulen aufs Klo. Was für eine schöne Bescherung: Ich war hungrig und bekam eine Eisenbahn, die ich erstens nicht wollte und zweitens nicht mal anfassen durfte. Ich hörte gar nicht mehr auf zu weinen und wurde zur Strafe für meinen Undank ins Bett geschickt. Am 7. Januar wurde die Bahn sorgfältig verpackt und landete für die nächsten elf Monate auf dem Dachboden.

Das war erst der Anfang meines persönlichen, für alle Zeiten prägenden Weihnachtsdilemmas: In den nächsten Jahren liefen die Bescherungen immer gleich ab. Papa baute die Bahn auf, während Mama den Baum schmückte. Ich bekam jedes Jahr ein neues Accessoire für das gehasste Geschenk. Einen neuen Zug, einen neuen Tunnel, ein neues Schienensystem und einen detailverliebten Vortrag über die vielen Raffinessen dieses kleinen Wunderwerks. Im Laufe der Jahre wurde die Technik immer ausgefeilter. Die kleinen Bahnen pfiffen und machten Dampf, fuhren durch Berge und Täler, und mein Vater stand mit glänzenden Augen vor dieser gigantischen Anlage. Bis Silvester lief er nur noch mit einer Eisenbahnermütze herum.

Zum Glück hatte Mama zwischendurch ein Einsehen, und ich bekam immer noch eine Kleinigkeit dazu. Einen Pullover zum Beispiel oder ein Buch. An meinem fünfzehnten Weihnachtsfest lag endlich eine »frauenfeindliche« Barbie für mich unterm Baum. Die hatte Oma heimlich und aus lauter Mitleid gekauft, und mein Vater beschimpfte sie damals als »senil«. Daran konnte ich erkennen, wie furchtbar das alles wirklich war, wenn selbst meine strenge »Feldwebel-Oma« plötzlich so was Ähnliches wie Mitleid oder Herz zeigte.

Dann kam der Moment, als ich beschloss, mich endgültig von der Last der elterlichen Weihnacht, dem Heringssalat, den Zwängen und der Eisenbahn zu befreien. Es wurde Zeit, erwachsen zu werden und das Kindheitstrauma ein für alle Mal im Klo runterzuspülen. Im Oktober wurde ich passenderweise achtzehn, machte meinen Führerschein und plante, zum Studieren nach Berlin zu gehen.

Am Morgen nach unserem letzten gemeinsamen Weihnachtsfest mit Heringssalat und dem Zischen der Bahn, die inzwischen schon durch die ganze Wohnung tuckerte, verabschiedete ich mich endgültig vom Mief, dem Diktat und der Enge. Nur pro forma informierte ich meine Eltern, dass der rechtmäßige Eigentümer dieser Eisenbahn ja doch wohl ich sei. Obwohl ich sie nie anfassen, geschweige denn mit ihr spielen durfte.

»Natürlich«, sagte meine Mutter.

»Wie meinst du das?«, fragte mein Vater unsicher.

»Wenn dieses Scheißding meins ist, dann will ich es jetzt haben!« Keines der Argumente meines Vaters ließen mich auch nur eine Sekunde an meinem Schritt zweifeln.

Die vielen Kästen und Kisten landeten also nicht mehr auf dem Dachboden, sondern in meinem Auto. Ich glaube sogar, dass meine Mutter sehr glücklich darüber war. Sie konnte den Anblick meines Vaters mit Eisenbahnermütze schon seit Jahren nicht mehr ertragen. Ich fuhr nach Berlin und direkt in ein Fachgeschäft für Spielzeug-Eisenbahnen. Der Besitzer war begeistert. Eine so vollständige und einzigartige Sammlung in so einem perfekten Zustand hatte er lange nicht gesehen. »Wo haben Sie die denn her?«, stammelte er immer wieder ungläubig. Dann bot er mir fünftausend Mark an. Ich handelte ihn auf achttausend hoch – das Weihnachtstrauma meiner Jugend schien mir doch so viel wert zu sein. Mit den vielen Scheinen in der Tasche ging ich drei Tage nach Weihnachten zu einem Juwelier und kaufte mir eine Rolex. Ich ließ sie schön verpacken, ging in ein Restaurant mir einem großen Weihnachtsbaum in der Ecke, bestellte mir ein Stück Gänsebrust mit Rotkohl und Klößen und zelebrierte das erste Mal in meinem Leben eine Bescherung ganz nach meinen Wünschen. Die Uhr entschädigte mich auf der Stelle und sofort für all die zerstörten Weihnachten zu Hause. Von dem Rest des Geldes richtete ich meine kleine Wohnung ein und kaufte ein Abendkleid für meine Barbie. Ich stellte sie ins Regal und dachte an Oma. Außerdem schwor ich mir feierlich, dass es nie wieder Fisch in meinem Leben geben würde, und wenn ich mal mit der Bahn fahren wollte, dann nie nie nie an Weihnachten.

24

Sarah, achtunddreißig

Man muss auch mal loslassen können

Der Tag fing schon irgendwie sehr merkwürdig an. Es war bereits der 24. Dezember, und ich hatte immer noch nicht den blassesten Schimmer, wie mein Weihnachtsfest aussehen würde. Zwischen meiner Mutter und mir herrschten derzeit – nennen wir es mal – atmosphärische Störungen. Der Ursache sind wir nicht wirklich auf den Grund gegangen. Wir waren wohl beide ein bisschen überreizt und urlaubsreif. Jedenfalls glaubte ich das. Vielleicht lag's aber auch an der Tatsache, dass wir einen Familienzuwachs bekommen hatten: Mama war neu verliebt. Und das nicht einfach so. Für ihn wagte sie sogar das Unmögliche: Sie lernte tauchen, und er durfte mit ihr Weihnachten feiern. Und das war der größte Beweis für eine große Liebe. Die letzten dreizehn Jahre war das Weihnachtsfest immer eine Sache zwischen ihr und mir gewesen. Mutter und Tochter hielten die Nabelschnur gerade an Heiligabend besonders fest. So – und nun das. Eigentlich war es für mich auch ein großes Geschenk, dass sie »von der Straße« war. Herrlich, eine verliebte Mutter. Was gibt's Entspannenderes im Leben einer erwachsenen Tochter? Mein Gefühl sagte mir, dass es an der Zeit war loszulassen: Dieses Fest sollten sie in ihrer frischen Verknalltheit mal schön ohne mich genießen. Erstens wollte ich nicht stören, und zweitens war ich mir auch nicht sicher, ob ich das junge Glück so direkt sehen wollte. Unfassbar, dass man sich selbst als »Kind« hin und wieder als fünftes Rad am Wagen fühlt.

Das habe ich ihr so gesagt. Und gleichzeitig damit beschlossen, dass ich dieses Jahr eventuell mal bei meiner Wahlverwandtschaft verbringen könnte. Die wussten zwar auch noch nichts von ihrem Glück, hatten die Einladung aber netterweise schon vor Wochen ausgesprochen angesichts der neuen Familienkonstellation.

Meine Mutter reagierte auf meine strahlend vorgetragene Neuigkeit anders als erwartet: »Was soll denn das jetzt?«

Ich spürte, dass sie selber zwischen Entsetzen und »Och warum denn nicht« schwankte. Letzteres manifestierte sich wohl in Form eines schlechten Gewissens, an dem ich schuld war. Natürlich! Ich wollte nett sein, und sie war sauer. Damit sie sich jetzt aber wieder ein bisschen besser fühlte, beschloss ich, ihr die bereits eingepackten Geschenke – danke, liebe Verkäuferin – noch schnell nach Büroschluss vorbeizubringen. Meine Mutter arbeitete trotz Trennung immer noch friedlich mit meinem Vater zusammen. Vor seinem Geschäft fing ich sie also ab, um ihr doch noch das familiäre Weihnachtsgefühl in Form zweier Päckchen zu überreichen. So weit die Theorie. In der Praxis ging alles dann so schnell und anders, dass ich es kaum noch zusammenkriege. Hier aber die Fakten:

»Du bist doof.«

»Nein, du bist doof.«

»Kannst mich mal!«

»Und du mich schon lange!«

Ich möchte betonen, dass ich bis heute nicht nachvollziehen kann, wer eigentlich mit dem Kindergarten angefangen hat.

»Gott, bist du gemein!«

»Und du noch viermal gemeiner!«

In der Zwischenzeit hatte ich ihr die Geschenke schon überreicht – nur der Form halber.

»Kein Wunder, dass du alleine feierst!«

»Das ist zu viel. Gib her!«

Und damit riss ich ihr die liebevoll verpackten Pretiosen aus den Händen und feuerte sie mit Schmackes und voller Wut in die nächste Pfütze. Dazu ist noch zu sagen, dass wir uns mitnichten auf einer Landstraße befanden. Das Büro meines Vaters liegt mitten in der Berliner City. Auf der einen Ecke der Stammitaliener aller, auf der anderen die angesagteste Szenekneipe. Und natürlich waren die Läden voll. Unfassbar viele Menschen standen gerade um uns rum. Alle kamen oder gingen gerade – dass nenne ich mal Murphys Gesetz.

Wie in einem lang einstudierten Theaterstück schnappte meine Mutter nach Luft und stieg ohne ein weiteres Wort in ihr Auto, während ich das Gleiche vorhatte. In der Sekunde, als ich mich umdrehte, guckte ich in die fassungslosen Gesichter einiger Passanten, die an der Ampel standen und bereits die zweite Grünphase verpassten. Unser kleines Ohnsorg-Theater war aber auch wirklich spannender als jede Verkehrssituation. Weinend und peinlichst berührt schluchzte ich in die Richtung einiger verwirrter Herren, direkt zwischen der Pfütze und meinem Auto: »Wenn Sie noch kein Weihnachtsgeschenk für Ihre Frauen haben, dann bitte bedienen Sie sich. Da liegen eine teure Gesichtscreme und eine Halskette. Uaaahhh!«

Ich hab's in dem Moment auch Ernst gemeint. Schockiert bin ich exakt fünfunddreißig Meter weitergefahren – direkt in die Arme meiner Freundin, die dort einen Secondhand-Laden hatte. Schreiend, schluchzend, heulend bin ich aus meinem Auto – zweite Spur! – in den Laden und erzählte das schrecklichste Erlebnis meines Lebens. Ich fühlte mich wie ein aus dem Nest gestoßenes Vögelchen. Und während ich so im Eifer berichtete, wie böse doch meine Mutter sei, sah ich einen der ahnungslosen Männer von eben am Laden vorbeilaufen. »Da. Das ist er. Der hat meine Weihnachtsgeschenke aufgehoben!«

Beherzt stürzte meine Freundin ihm hinterher, während ich vorsichtshalber unter den Kleiderbügeln in Deckung ging. Ich war weit entfernt von meiner großen Klappe von eben – mir war einfach alles nur noch unendlich unangenehm.

»Sie haben gerade meine Freundin, ich sag mal so: kennengelernt. Für meinen Geschmack ist die ein bisschen verwirrt. Die hat Ihnen doch die Geschenke angeboten? Nun, das hat sie nicht so gemeint. Die hätte sie jetzt gerne wieder!«

Also ob das Ganze nicht schon blöd genug lief, fühlte sich der arme Mensch genötigt, die Hosen runterzulassen: Mit dem bereits geöffneten Geschenk in der Hand schien er nun um sein Leben zu quatschen. »Äh, die Kette, äh ... Die wollte ich einem karitativen Zweck zukommenlassen. Aber die Creme, die ist in die andere Richtung gelaufen.« Dabei zeigte er gewissenhaft und pflichtbewusst eben in die andere Richtung. Wahrscheinlich argwöhnte er irgendwo die versteckte Kamera. Heute kann man sich ja auch nirgendwo mehr sicher sein. Armer Tropf.

Meine Freundin konnte nur noch eins: lachen. Sofort rückte der Mann die Kette wieder raus. Mit ihrer Beute kam sie in den Laden zurück und zuppelte mich unter den Kleiderständern hervor. Sie konnte sich bis zum Abend nicht mehr beruhigen. Ich auch nicht. Denn ich befand mich erst in der »Pause« meines sehr merkwürdigen Tages – das Finale kam noch. In Form meines Vaters. Mit dem war ich nämlich eine halbe Stunde später an original der gleichen Stelle verabredet. Ich puderte mir die rot geheulten Wangen und setzte meinen Wagen wieder die paar Meter zurück. Um eins vorwegzunehmen: Mein Vater hatte schon per se die denkbar schlechteste Laune – wie ich im Nachhinein erfuhr. Von der Auseinandersetzung mit meiner Mutter wusste er noch gar nichts.

Leider war ich auch an diesem Nachmittag satte zwanzig Minuten zu spät. Das tat mir auch sehr leid. Zumal ich ihm gerade vor drei Tagen versprochen hatte, zukünftig immer pünktlich zu sein, wenn wir uns treffen wollten. Nun hatte ich aber heute wirklich einen Grund, der mein Zuspätkommen entschuldigen müsste, wie ich fand. Fand er aber leider nicht.

»Tochter, ich habe zwanzig Minuten gewartet! Es ist nass, saukalt und ungemütlich.«

»Ja, aber …«

»Klar, gibt mal wieder einen Grund. Ich kenne dich doch. Aber ich habe keine Lust mehr, dass du mir meine Zeit klaust. Und wenn du mich fragst, finde ich das alles gerade so unnötig, dass ich auch keine Lust habe, mit dir den Nachmittag zu verbringen.«

Okay, wenn die Sache so war und ich hier nicht mal mehr eine Chance bekommen sollte, mich zu erklären, hatte ich auch keine Lust mehr. Erstens bin ich erwachsen, und zweitens hatte ich gerade meine Mutter verloren.

»Papa, würde es dir was ausmachen, mein Auto zu verlassen?«

Ich konnte ja schlecht mein eigenes Auto verlassen. Wusste aber, dass ich dringend aus dieser Situation rauswollte. Also musste der Erziehungsberechtigte dran glauben. Der war wohl auch irgendwie froh darüber.

Er stieg wortlos aus.

Tja, was soll ich sagen: Wenn das Leben dir Zitronen anbietet, frag nach Salz und Tequila.

Im Moment sah es so als, als wäre ich vorübergehend Vollwaise.

Ich beschloss trotzig, gerade jetzt, umso mehr ein sehr, sehr schönes Weihnachtsfest zu haben.

Bei meiner Cousine, ihren drei Kindern und der gesamten Großfamilie wurde ich mit offenen Armen empfangen.

»Würdet ihr mich bitte adoptieren – wenigstens für die nächsten drei Tage?«, fragte ich in die Runde, heulte noch so ein bisschen vor mich hin, hatte aber bei den Klößen und Rotkohl doch schon wieder erstaunlich gute Laune.

Geduldig sezierte meine Tante sowohl die Gans als auch mein Problem. »Watt ist denn nun passiert, meine Mulle?«

Nach langem Hü und Hott, mühseligen Erklärungsversuchen und pseudotherapeutischer Analyse kamen wir unisono zu folgendem Schluss: Es liegt an Weihnachten. Klar. Weihnachten ist eine Herausforderung. Weihnachten ist Druck.

Nach viel Alkohol und noch mehr Kalorien war ich schon etwas geschmeidiger. Und nach einigen Wochen schlossen sich auch wieder erste zarte Bande zwischen meinen Eltern und mir – sowohl in die eine, als auch in die andere Richtung. Und warum? Weil endlich mal Luft an den Käse gelassen wurde. Was war denn eigentlich passiert, damals am 24. Dezember auf der nasskalten Straße zwischen all den fremden Menschen? Nein, wir waren damals weder überreizt noch urlaubsreif. Diese Erklärung wäre zu simpel gewesen. Weihnachten war's, das uns an den Rand des Wahnsinns gebracht hatte. Weihnachten und das Gefühl, es richtig machen zu müssen. So, dass alle was davon haben, sich gut und sicher fühlen. Beschützt und behütet, vertraut und zusammen, als Teil einer Gemeinschaft. Tja, klingt gut, leider ist das in den allermeisten Fällen eine Illusion oder ein kollektiver Familienkrampf. Man hält an »Friede – Freude – Eierkuchen« fest und hat gar nicht mehr die Grundvoraussetzungen dafür innerhalb der eigenen Familie. Eltern getrennt, Kinder zerstritten, Großeltern ausgewandert, der eine gläubig, der andere eher weniger, der eine familiär, der andere Eremit. Deshalb – weg mit den Konventionen! Wenn's nicht geht, geht's nicht. Bei mir ist es inzwischen so: Alle feiern, wie sie wollen – mal miteinander, mal mit anderen, mal mit der Wahlfamilie, zu zweit oder an einer langen Tafel. Und es ist jedes Mal schön. In Absprache miteinander und dem gegenseitigen Respekt vor den individuellen Wünschen. Keiner ist allein, keiner muss in Gesellschaft sein, und jeder darf gerne Weihnachten so feiern, wie es ihm gefällt. Gerade dieses Fest sollte genau so sein! Free Weihnachten!

How to do – für Anfänger und Fortgeschrittene
Für alle, die es doch noch mal probieren wollen

1. Ich schenk dir was.

Wie klasse. Eigentlich kannst du doch das ganze Jahr shoppen gehen und immer so tun, als wär's schon für Weihnachten. Und was du dann doch nicht haben willst, kommt in die große Weihnachtskiste. Irgendeiner wird sich schon darüber freuen.

2. Oops, Weihnachten kommt mal wieder so plötzlich.

Mach dir doch einfach einen Kringel in deinen Terminkalender und verschick bis Mitte Dezember deine Weihnachtspost – vergiss vor allem nicht deinen Erbonkel in Amerika. Übrigens – deine Putzfrau freut sich auch über Bargeld, wenn sie nicht dafür putzt. Dein Briefträger nimmt wahrscheinlich lieber ein Pülleken mit Hochprozentigem. Ist ja auch im Winter besonders ungemütlich draußen. Oder du beschließt, nichts von alledem zu tun. Dann aber konsequent nichts. Darfst dann aber auch nicht meckern, wenn sich andere darüber beschweren.

3. Wunschzettel – ja oder nein?

Klar, übt doch auch kolossal die Rechtschreibung. Und wann darf man denn schon mal so deutlich seine Wünsche äußern? Und umgekehrt: Wenn dir einer einen reicht, entstresst es dich ungemein.

4. Weihnachtsmann – ja oder nein?

Wenn du peinliche Momente magst, gerne. Wenn du Onkel Ludwig bei seinem Fünf-Minuten-Ruhm beobachten willst, ein fremder Student deine Kinder zum Zittern bringen und dafür auch noch richtig viel Geld von dir verlangen darf, du damit leben kannst, dass deine Kinder mit einer Lüge aufwachsen – dann fang ruhig schon mal im August mit dem Casting an. Wenn er dir auch noch gefällt, kannst du schön laut danke sagen.

5. Wer ist dabei?

Tja, du hast es so gewollt. Wer A sagt muss auch Bäh sagen. Alle natürlich. Es ist Weihnachten, das Fest derrr Liiiebe. Und Oma im Heim nicht schon wieder vergessen.

6. Planung ist alles.

Du wirst es hassen, aber sie wollen alle essen, trinken und beschenkt werden. Also musst DU einkaufen, schleppen, kochen, backen. Deshalb mach's anders als dein Mann, der die Geschenke erst um fünf vor zwei kauft. Je früher alles geklärt, geregelt, besorgt, erledigt, gekocht und gedeckt ist, desto größer ist deine eigene Chance, auf wenigstens zwei Minuten Entspannung und Genuss zwischendurch.

7. Oh, wie das alles blitzt.

Komm bloß nicht auf die Idee, VOR dem Einfall der wilden Horde die Bude zu schrubben. Wird ja doch alles wieder schmuddelig. Überlass das Glänzen bitte schön den Kerzen. Nach Weihnachten brauchst du sowieso ein Räumkommando, willst du einen Wettbewerb bei »Schöner wohnen« gewinnen.

8. Muss ich denn alles alleine machen?

Tja, gerne würden wir jetzt Entwarnung geben und sagen: Alle müssen mit anfassen. Aber – sie werden es nicht tun. Dein pubertierender Sohn wird weiterhin phlegmatisch im Bett liegen, dein Mann hat's leider im Kreuz, Oma kann nichts Heißes tragen, und der Rest deiner lieben Verwandtschaft findet es doch gerade so schön, sich ohne schlechtes Gewissen an deine, von dir so liebevoll gedeckte Tafel zu setzen. Sie kennen es doch auch nicht anders, oder? Sie vergessen nur ständig, vor lauter Besinnlichkeit, Glück und Völle im Magen »Danke, liebe Mutti« zu sagen.

9. Was ist mit Papi?

Weihnachten gehört Papi natürlich der Familie. Da muss er durch. Egal ob er gerade vorm Abschluss des Superdeals steht, eine schwere Midlife-Crisis durchlebt oder lieber bei seiner Geliebten wäre. Kleiner Hinweis an die Herren: Rechtzeitig an das Geschenk für die »Nebendarstellerin« denken – sie soll ja nicht ausgerechnet jetzt durchdrehen – und sämtliche Rechnungen müssen natürlich verschwinden. (Sie sollten so etwas grundsätzlich lieber in bar bezahlen – wegen der Kreditkartenfalle!)

10. Krisensitzung, Stufe 1

Die Eltern streiten sich, die Kinder finden die Geschenke doof, die Gattin hat vom Collier geträumt statt von der Küchenmaschine, die Schwiegermutter nörgelt, und das Baby schreit. Jammer nicht – du bist echt kein Einzelfall und könntest jetzt auch eine Selbsthilfegruppe gründen, denn bei Müller, Meier, Schulze ist es ganz genauso.

11. Krisensitzung, Stufe 2

Du hältst es zu Hause nicht mehr aus, weil nicht nur die Gans wie ein Stein in deinem Magen liegt? Die klassische Musik, die seit Stunden dudelt, deine Nerven in Zündschnüre verwandelt hat? Die Gesichter deiner Lieben in dir Mordgedanken wecken? Klar, Neuseeland wäre jetzt schön. Blöd nur, dass die Botschaft geschlossen hat. Außerdem ist Weihnachten, und da musst du durch dick und dünn: Denn wenn du jetzt verschwindest, verbringen deine Kinder die nächsten Jahre in der Therapie. Atme ein und aus und bleib. Morgen kannst du immer noch deine Koffer packen. Aber wahrscheinlich bist du dann wieder nüchtern und erinnerst dich nicht mehr so richtig an deine Pläne.

12. Ich wollte doch nur …

Aber bitte. Nur weil du Lust auf das Ganze hier hast, müssen alle anderen das längst nicht so aufregend finden. Falls dein Mann dreihundertvierundsechzig Tage im Jahr kein Interesse an besinnlicher Atmosphäre hat, warum sollte er ausgerechnet Heiligabend zum strahlenden, romantischen, gut gelaunten Familienmenschen mutieren? Wundere dich also nicht, wenn Streit, Missverständnisse und Enttäuschungen vorprogrammiert sind. Er hat es auch dieses Jahr nicht so gewollt – vielleicht überforderst du ihn nicht noch zusätzlich mit dem Aufbau der Krippe und schweren Kirchenchorälen. Was für dich Atmosphäre ist, könnte für ihn der berühmte Tropfen sein. Weniger ist manchmal mehr.

13. Und zum Schluss

Keine Lust, Plätzchen zu backen? Dann lass es einfach. Weihnachtsdekoration? Zwei Kerzen tun's auch! Fünf-Gänge-Menü? Macht nur unnötig dick! Schieb die Tradition in den Sondermüll und mach's so, wie du willst. Übrigens: Eins ist sicher – auch dieser Abend geht vorbei.

Ein Satz zum Nachsprechen:
Ich hab es so gewollt!

Spekulatiusschnecken

Rezept für 30 Schnecken (Zirkaangabe)

150 g	Butter	
250 g	Puderzucker	
1	Eigelb	
1 EL	Spekulatiusgewürz	
1 Prise	Salz	
100 g	Sahne	
375 g	Mehl	

Butter mit dem Puderzucker schaumig rühren. Eigelb, Spekulatiusgewürz und Salz zufügen und unterrühren. Sahne handwarm erhitzen und nach und nach in die Buttermasse einrühren. Anschließend das Mehl unterrühren.

		Den Ofen auf 200° C vorheizen.
		Die Sandteigmasse in einen Spritzbeutel mit kleiner Lochtülle füllen und auf ein mit Backpapier ausgelegtes Backblech ca. 60 kleine, runde Schnecken spritzen. Die ca. 10 Minuten im Ofen backen, herausnehmen und abkühlen lassen.
	flüssige dunkle Schokolade	Anschließend das Gebäck nach Belieben mit flüssiger dunkler Schokolade verzieren.
150 g	Johannisbeermarmelade	Die Marmelade auf eine Hälfte der Schnecken verteilen und die andere Hälfte der Schnecken daraufsetzen.
		© by Johann Lafer

Das ist das Haus vom Nikolaus

Für alle, die an Heiligabend ein bisschen klugscheißen wollen. Oder einfach nur so ein hübsches Gesellschaftsspiel. Gerade wenn die Stimmung besonders bombig ist. Wer absetzt, fliegt, und wer es weiß, bekommt eine zweite Runde Gänsebraten. Wie viele Möglichkeiten gibt es, ein Nikolaushaus zu malen? (44)

Das ist das Haus vom Nikolaus

Laura, dreiundzwanzig

Ein Dankeschön an alle Dienstleister

Sie wollen es in Silber eingepackt? Klar, gerne. Das wie vielte Paket das heute ist? Keine Ahnung. Wenn ich jetzt ernsthaft anfange, darüber nachzudenken, könnte es passieren, dass ich auf der Stelle ohnmächtig werde. Ich kann es nur grob überschlagen und würde mal zweihundertdreiundzwanzig schätzen. Aber es sind wahrscheinlich viel, viel mehr. Die Devise hier ist klar: nicht nachdenken, einfach weitermachen.

Riiiiiiesengeschenk

Und es kommt ja auch immer was Schönes bei raus. Wollen Sie die Schleife gekräuselt? Ach, Sie mögen keine Kräusel. Ja, ich auch nicht. Die halten nämlich auf.

Eigentlich studiere ich ja Sinologie und Byzantinische Kunst. Damit kann man mal richtig reich werden. Zwar nicht in diesem Leben, aber ich liebe es trotzdem. Einmal im Jahr verdiene ich für meine Verhältnisse ausgesprochen viel Geld. Und zwar in der Weihnachtszeit. Gutes Personal ist in diesen Wochen besonders gefragt. Mit gut meine ich belastungsfähig, über alle Maßen freundlich, hochmotiviert, in ausgezeichneter körperlicher Verfassung, gerne auch mehrsprachig – neben Chinesisch spreche ich auch ganz passabel Russisch und Englisch – und mitdenkend. Ja, das bin ich.

In den vergangenen Jahren konnte ich meine Talente auf dem Weihnachtsmarkt an der Crêpes-Bude so richtig ausleben. Von mittags um 12 bis 24 Uhr habe ich diese dünnen Dinger gebacken. Mit Nutella, ohne Nutella, mit Zucker, dafür ohne Zimt, mit Grand Marnier oder Eierlikör. Punktgenau nach drei Wochen – eine schöne Routine jedes Jahr – musste ich erst zum Orthopäden, dann zum Urologen. Sehnenscheiden- und Blasenentzündung. Deshalb habe ich beschlossen, dieses

Jahr einen Job im Warmen anzunehmen. In einem gut geheizten Kaufhaus. Und da bin ich jetzt.

Ich stehe beim Parfüm, helfe Herren, den passenden Duft für ihre Damen zu finden, und verpacke anschließend das eigentlich ja von mir ausgewählte Geschenk. Und ich habe wirklich einen guten Geschmack. Das Einpacken allerdings verlangt dann, viel mehr als alles andere, Geschick und Fingerspitzengefühl. Deshalb habe ich bereits im September, als ich beschloss, den Job anzunehmen, mit dem Übungsprogramm begonnen. Schleifen binden, Bänder kräuseln, Papier falten, Dekorationsartikel befestigen und so weiter. Wichtiges Detail beim Verpacken – Tesafilm darf auf keinen Fall irgendwo zu sehen sein. Im Dezember fordert dieser gesamte Prozess selbstverständlich viel mehr Tempo, viel mehr Druckresistenz als an einem Übungsabend im goldenen Herbst bei mir zu Hause.

Wir haben mittlerweile den 22. Dezember. Zwei Tage noch! Inzwischen habe ich gefühlte drei, vielleicht auch vier Millionen Schleifen gebunden. In echt waren's zirka dreitausendfünfhundert – aber es hat für hässliche Hornhaut an den Fingern und beginnende Arthrose gereicht. Ehrlich? Ich bin pappesatt. Ich habe auch nicht mehr lange Verständnis für Extrawünsche. *Können Sie bitte das pinkfarbene Band wieder abmachen und durch ein rotes ersetzten?* Grrr, so müssen sich Mörder kurz vor der Tat fühlen. *Nee, können Sie die bitte einzeln einpacken. Ich weiß, es ist alles für meine Mutter, aber dann hat sie mehr zum Auspacken!* Richtig, und ich habe dafür mehr zum Einpacken. Vielen Dank! *Och, tun Sie mir doch den Gefallen, und packen mir die Hundeleine auch ein? Okay, das habe ich nicht bei Ihnen gekauft, aber Sie machen das so schön ... Dann passt das alles irgendwie so hübsch zusammen.* Was hier überhaupt nicht passt, sind die übersteigerten Ansprüche der werten Kundschaft. Und dabei immer lächeln. Manchmal habe ich Angst, die Grübchen in meinem Gesicht bleiben für immer stehen.

Hatte ich schon erwähnt, dass sich das Kaufhaus nur eine CD leisten kann? Seit drei Wochen singen Albano und Romina Power Weihnachtslieder, von 10 bis 22 Uhr. Aus allen Lautsprechern, auf jeder Etage, überall das gleiche Geplärre. Und das, obwohl die doch schon längst geschieden sind. Diese familienfreundliche CD von 1987 soll das Kaufverhalten unserer Kunden unterstützen und sie motivieren, möglichst lange bei uns zu verweilen. Eine Kollegin von mir, die hier schon seit zweiundzwanzig Jahren arbeitet, behauptet, man höre das irgendwann nicht mehr. Bei mir trifft das nicht zu. Ich höre jeden einzelnen Takt. Zu Hause und im Auto gibt's deshalb nur noch Hardrock. Und ich fahre jetzt immer, egal wie kalt es ist, mit offenem Fenster heim. Das bin ich meiner Haut und meinem gesamten Organismus schuldig.

Bei dieser überheizten, stickigen, sauerstoffarmen und von Tausenden Menschen weggeatmeten Luft kann man den eigenen rapiden Alterungsprozess erstaunlich genau beobachten. Sind ja auch überall Spiegel. Wenn ich da nicht mit einem halben Liter Schminke hantiere, sehe ich aus wie eine Wasserleiche. Blass und unscheinbar. Gehe ich allerdings mit meinem Voll-Make-up auf die Straße, könnte man mich glatt einer anderen Berufsgruppe zuordnen. Letzte Woche musste ich mir das erste Mal Schuhe in Größe achtunddreißig kaufen, obwohl ich eigentlich siebenunddreißig trage. So ausgelatscht sind meine Füße inzwischen. Das alles ist aber nichts gegen dieses Weihnachtsgeschenkeinpacken und Schleifenbinden im Akkord. Und kurz vor Weihnachten bis 22 Uhr. Jeden Tag.

Zusätzlich macht es immer den Eindruck, als wüsste es niemand zu schätzen. Anstatt mich dankbar anzustrahlen, mir ein Lächeln für meine guten Taten zu schenken, zu würdigen, was ich leiste, kommen die meisten zickig, unhöflich und unendlich genervt zu mir und meckern noch, wenn sie warten müssen. Die Gesichter der Kunden sind alle gleich. ICH WILL! Und zwar SOFORT! Ist mir wurscht, liebe Verkäuferin, was Sie so wollen. Sie werden dafür bezahlt.

Aber schlecht, würde ich gerne antworten. Schön ist auch: Deutschland ist eine Dienstleistungswüste! Hier läuft doch was schief. Wer, bitte schön, bindet denn hier die Millionen Schleifen? Diese Ungerechtigkeit weckt das Bedürfnis in mir, auf eine Kasse zu springen und mit einem Mikrophon in der Hand an die verschwitze Meute einen Appell zu richten: Stillgestanden und Ruhe! So und jetzt alle im Chor: Liebe Verkäuferinnen und Verkäufer! Wir sagen danke für euren selbstlosen und schlecht bezahlten Einsatz. Wiederholen Sie diesen Satz. Und wiederholen Sie ihn noch mal. Und jetzt singt die Hymne: Danke, für eure guten Taten, danke, für euer Engagement, danke, dass ich hier kaufen darf, und das rund um die Uhr.

In meiner Mittagspause versuche ich, meine eigene Geschenkeliste abzuarbeiten, und wundere mich jedes Mal, dass das Gesundheitsamt den Laden noch nicht dichtgemacht hat. Eine Woche vor Weihnachten einkaufen zu gehen birgt definitiv viele Risiken. Vielleicht sollte man an den Eingangstüren Warnschilder anbringen wie auf Zigarettenpackungen: ACHTUNG! DAS BETRETEN DIESES ÜBERFÜLLTEN GESCHÄFTES ZU DIESER JAHRESZEIT GEFÄHRDET IHRE GESUNDHEIT.

Alle kommen mit Wollmützen, Schals und dicken Mänteln aus minus vierzehn Grad in plus vierunddreißig und schieben sich von Kasse zu Kasse. Welcher Kreislauf soll denn das aushalten? Meiner schwächelt dabei immer ein wenig. Der Hitzekoller ist eine Sache. Besonders anstrengend ist der Einsatz der Ellenbogen. Hier kommt nur durch, wer hart ist – im Nehmen

und Einstecken. Wer hier anständig rauskommt, ohne jemanden niedergeschlagen, die Füße zertrampelt, die Arme oder die Nase gebrochen zu haben, erst der hat sich dann das Weihnachtsfest richtig verdient.

Während ich mich durch das Kaufhaus schieben lasse, mache ich mir Gedanken über meine Kollegen – wie haben die sich und ihr Weihnachtfest organisiert? Wann gehen sie ihren eigenen Kram einkaufen? Wann holt die Kassiererin, die den ganzen Tag damit beschäftigt ist, Lebensmittel einzuscannen, ihre eigene Gans aus der Tiefkühltruhe des Supermarktes?

Wann hat das letzte Mal ein Kunde ihr dafür gedankt, dass sein Weihnachtsfest auf ihre Kosten möglicherweise üppiger ausfällt als ihr eigenes?

Ich könnt's doch mal tun. In der Mittagspause. Statt selber für mich zu shoppen, gehe ich mit einer riesigen Tüte vollgestopft mit Parfümproben, die wir den Kunden jetzt nicht auch noch hinterherwerfen müssen, durch alle Abteilungen und sage mal danke! Danke, Frau Müller von der Wurst, danke, Frau Hempel aus der Herrenoberbekleidung, danke, Herr Friese bei den Flachbildschirmen, danke, Herr Schneider, danke, Frau Rosendahl, danke, danke, danke.

Ja, ich singe sogar:

Danke, für diese Öffnungszeiten
Danke, für Service und Geschick
Danke für euren guten Rat und manches Meisterstück

(Einen Halbton höher!)

Danke, hier will ich immer kaufen
Danke, dass ihr so fröhlich seid
Danke, dass eure gute Laune mir die schlechte vertreibt

(Noch einen Halbton höher!)
Danke, ich freu mich schon auf Ostern
Danke, dann komm ich wieder her
Danke, das ihr so super seid, und davon will ich mehr

(Blöd. Zu hoch angefangen!)
Danke, dass hier der Kunde König
Danke, dass jeder Wunsch erfüllt
Danke, dass ihr euch nie beschwert, auch wenn der Chef mal brüllt. (Fertig!)

Übrigens: Meine Kollegen befürchten jetzt schwere Weihnachtsdepressionen und Überforderung. Ob ich noch ganz dicht wäre? Hier so laut rumzusingen. Ich solle doch, bitte schön, niemanden von der Arbeit abhalten. So einen Zirkus könne ich am Crêpes-Stand veranstalten, da würde es mich auch nicht so stressen wie hier. Ein bisschen mehr Dankbarkeit hätte ich mir schon gewünscht.

Liebe Leser/-innen, liebe Rentier/-innen, liebe Weihnachtsgemeinde

Ho, ho, ho oder ha, ha, ha: Wie man's auch betrachtet, Weihnachten ist nicht wegzuquatschen. So verstaubt und überholt uns manche Tradition auch vorkommen mag, sie hat ihr Gutes – man kann sich auf sie verlassen.

Machen Sie's oder lassen Sie's!

Wir bedanken uns bei allen, die uns Ihre persönliche Weihnachtsgeschichte geschenkt haben, die uns aus der Seele sprachen, uns Alternativen zeigten oder uns einfach nur zum Lachen brachten.

Weiter bedanken wir uns bei unseren Müttern für das Wühlen in den Fotokisten der Vergangenheit, auch bei Tante Ingrid fürs Erinnern, und natürlich bei Emma für die schrägen Ansichten einer Sechsjährigen.

Lieber Johann, deine Rezepte machen uns dick. Dafür können wir uns unmöglich bedanken. Wir finden dich trotzdem super!

Lieber Weihnachtmann, wir haben es nicht so gemeint!
Deine Rauschgoldengel

Hoppala. Entschuldigung. Das ist uns jetzt sehr unangenehm. Das hätten wir fast vergessen. Gerade jetzt, wo Sie das alles doch so tapfer überstanden haben. Doof, doof, doof. Aber wir müssen Sie leider darauf aufmerksam machen, dass Sie in wenigen Tagen schon wieder am Arsch sein werden! Silvester! Ja, ja, auch dieses Ereignis kommt immer so plötzlich. Verstehen Sie uns nicht falsch, wir wollen nur, dass Sie vorbereitet sind: Haben Sie schon eine Einladung? Wissen Sie, wie crazy Sie diesmal in das neue Jahr feiern? Und vor allem, wen werden Sie um null Uhr küssen?

Wird schon.

TOI TOI TOI